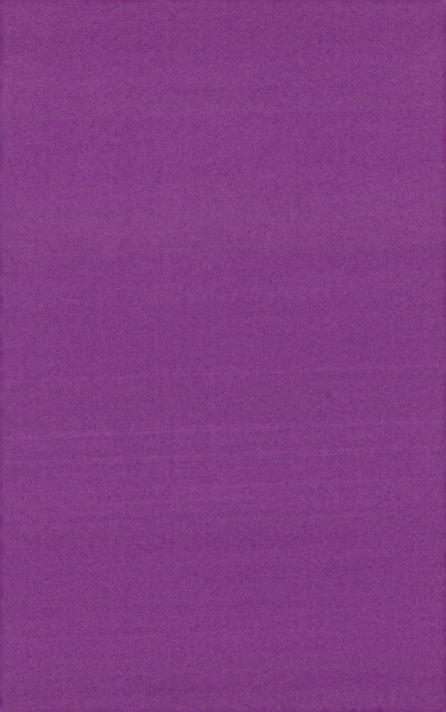

n a h o h i h a r u

光一
Koichi

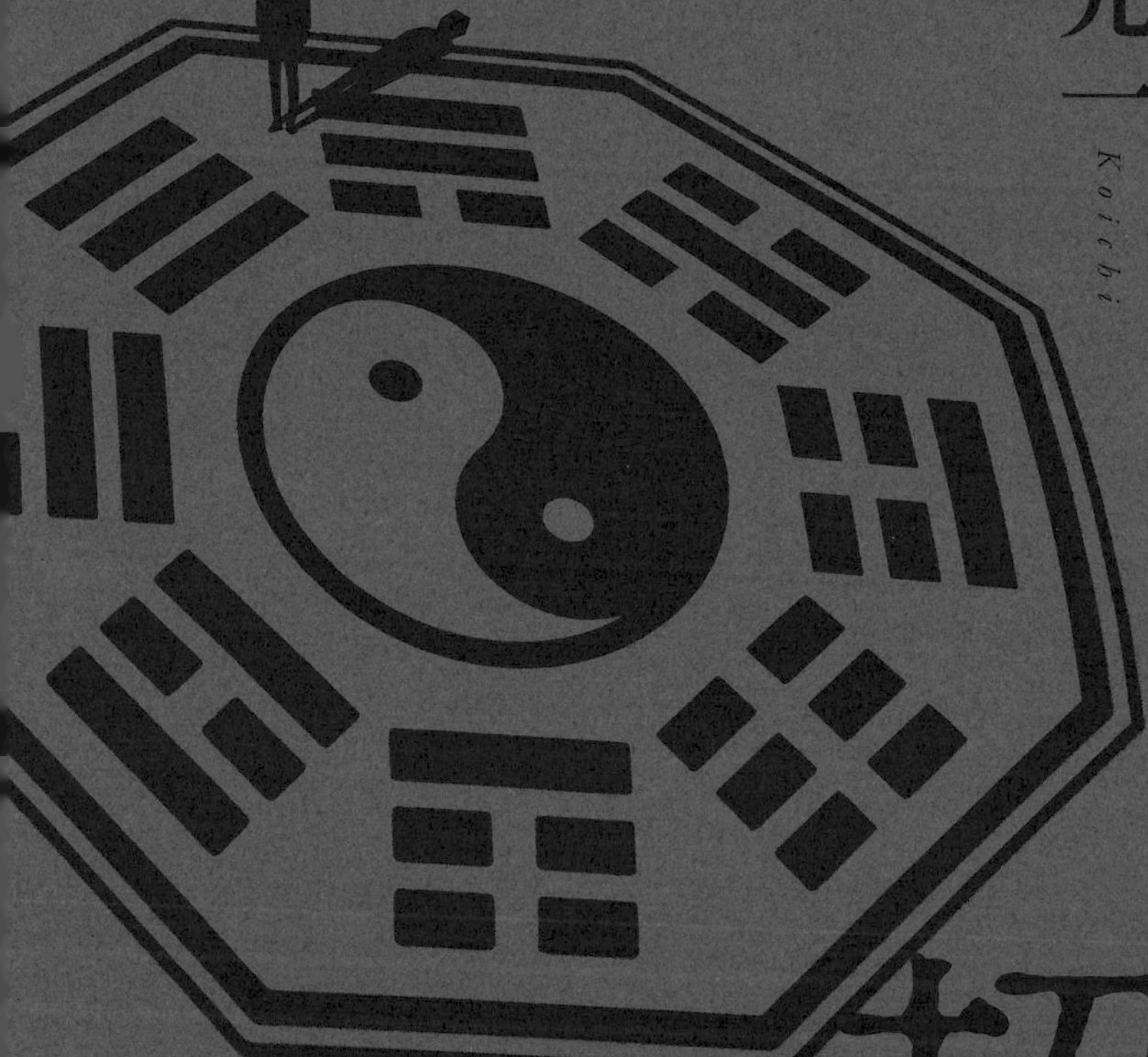

超越易経

あなたを
整えるとき
世界は整う

「この瞬間、
私において、
全宇宙、大調和なり」
そうしたら、アプリ始動です。

ヒカルランド

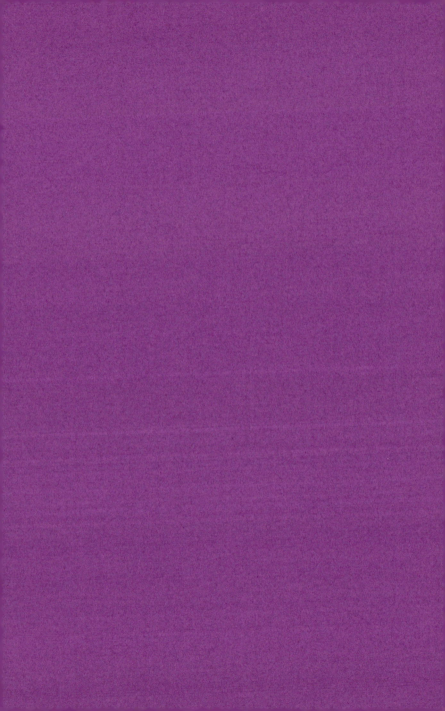

私は、ワークショップに来た方に
必ずこうお伝えしています。
「あなたが決めるし、全てはあなたなんですよ」と。
あなたがいなければあなたの世界は認識できない、
ということです。

選ぶのは全部あなたです。

宇宙は常にエネルギーとして
私たちをサポートしています。
私たちは決めているだけ。
ただ、その決めたことさえ、
覚えてないから苦しむ。
自分にとってネガティブなことが起こったら、
それは潜在意識のパターンを探すチャンスです。
みんな、ネガティブを嫌がるけど、

ネガティブはチャンスです。

これからは、いろんな層に
もっとはっきり分かれていきます。
喜びの人生を歩んでいく人、
いつまでも恐怖と限定の中で生きていく人。
ですから、自信を持って、自分はこうだ、
喜びに生きるんだと決めてください。

今回、全ての方にお勧めなのは、Beを整えることです。
一人一人が調和そのものを生きれば、調和が重なって、
この世界が調和に満たされると私は思いました。
自分を整えるために、私は、
人類の潜在意識層に調和の法則としてある
「易経」を使うことを思いついたのです。

調和した存在（Being）としてアクションを起こしたとき、
それは調和の行動なんですよ。
調和の周波数なんです。
そうすると、結果的に何が起こるかというと、
幸せな状況、調和の状況が発現するということです。

親や社会からのすり込みとかで
魂がギュウギュウ泣いているのです。
でも、潜在意識のとらわれをなくして、
すり込みを外せば外すほど、柔軟性が広がって、
地球体験を喜びで経験していくことになるわけです。

本来の自分の力を取り戻して喜びで生きたとき、
一人一人が輝いてつながり、大きい調和が生まれる。
まさにこれがフラワー・オブ・ライフ（神聖幾何学）
だと思っています。
フラワー・オブ・ライフの中には
八卦《はっけ》が隠されているわけだから、おもしろいでしょう。

大事なのは、自分自身の魂の中にある神性です。

あなたは世界の全てなんです。

人生をあなた好みにデザインしてください。
そのためのテクニックです。
さあ、陰陽エネルギーの使い手としての
瞬間パラレルジャンプの始まりです。

目次

第1章　人生は瞬間パラレルジャンプの連続体

第2章 易経、フラワー・オブ・ライフ、大調和の秘密

第3章 なほひはるが世界に調和をもたらす 実践編

第4章 セルフデザイン応用編 易となほひのコラボテク

第5章 陰陽の奥義と現実化の秘密

カバーデザイン　坂川栄治＋鳴田小夜子（坂川事務所）
本文イラスト　川井望
本文マンガ　yae works
校正　麦秋アートセンター
本文仮名書体　文麗仮名（キャップス）

第1章

人生は
瞬間パラレルジャンプの連続体

陰陽はつらいことを学ぶ。
でも、それをまた喜びに変えていって、成長していくことができます。
法則は必ずポジティブに持っていくから。
陰陽統合 → シフトです。
あなたが今ここでディヴァイン、神性を生きていく。
神性とは、すなわち喜びであり、調和です。
そうすると、地球が本当の意味でアセンション、次元を上昇していくわけです。

自分で自分の力を取り戻していけるテクニック

私の基本的な考え方は、「**人は誰でも自分の中に神様と同じ性質のものを持っている**」ということです。人はみんな、本当の自分、神性なる自分を生きていけるという発想が私にはあるんですね。

ただ、どうやれば本当の自分、本当のすばらしい自分、神性なる自分を生きていけるか、みんな悩んでいるわけです。気持ちはあっても、道具を持っていない。そして道具があったとしても、効果的な使い方を教えてもらっていないのです。

違う言い方で言えば、誰もが自分の人生をクリエイトしていますが、デザインをしていない、ということです。

そこで私は、「セルフ編集テクニック」と呼んでいますが、自分で自分の力を取り戻していけるテクニックを幾つも開発してきました。

自分の人生を、自分の在り方を、自分が一番喜べるものに編集していく、デザインしていくためにガンガン使えるテクニックです。

そのシリーズには、基本的に「なほひ」という言葉が頭につきます。
「なほひ」とは、直霊と書きます。
古神道に一霊四魂《いちれいしこん》という考え方があって、四つの魂の奥底に一霊があると言われていま
す。私たち人間には、荒魂《あらみたま》、和魂《にぎみたま》、幸魂《さきみたま》、奇魂《くしみたま》という四つの魂があって、それを直霊《なおい》と
いう一つの霊が司っているという考え方があるんですね。そこからいただいた言葉ですが、
「なおい」ではなく「なほひ」と読ませることにしています。
直霊《なほひ》を活性化させて、本当の自分を取り戻していく。
本当の自分の力をこの世界で発揮していくという意味で、自分を自分でデザインしてい
くためのセルフテクニックの頭につけています。
私が提案しているテクニックは、基本的に自分で自分を変えていくテクニックです。

私のテクニックには、これが全てというのはないのです。
いろいろなものを活用して本来の自分を生きていく、本来の自分の力をこの世界に発揮
していく、そういう考え方です。
ですから、テクニックはこれからも開発されていくでしょうし、今も結構あるのですが、

それを組み合わせる。あるいは、今の自分にとって重要な、これが自分にとって合うなというものを使っていく。そういう形で使いこなしてほしいのです。

大物〈なほひはる〉で調和の世界へ

今回は〈なほひシリーズ〉の中から、〈なほひはる〉というものを中心にご紹介していきます。

〈なほひはる〉は、なほひシリーズの中でも、かなりの大物です。易経という3500年前からある知恵、いわゆるエネルギーパターンですが、それを活用して、自分自身を整えていくというものです。

自分自身が整えば、この世界の調和に貢献できるという発想が私にはあります。ですから、この世界で自分自身の神性を生きるというテクニックです。

〈なほひはる〉は私の造語ですが、その意味をご紹介しましょう。

先ほど説明した通り、「なほひ」は直霊ですね、自分の中にある神性、ディヴァインです。「はる」というのは、まさに季節の春、ワーッと明るくなる感じ。それからお祝い、ハレの日とかいうでしょう。そこからとりました。

自分が調和している存在としてこの世界を晴れやかに生きていってくださいという意味で、〈なほひはる〉です。英語で勝手に言うと、ディヴァインリビング、この世界で神性を生きているということです。

私たちはこの世界で、神様になろうとして努力する。それもいいです。

でも、本来、すべては「今ここ」なんだから、今ここでディヴァイン、神性を生きていく。神性、すなわち喜びであり、調和です。そうすればあなたは生きているだけで、貢献者となる。調和した世界、喜びに満ち溢れた世界を生み出す人になるからです。

陰陽はつらいことを学ぶ。でも、それをまた喜びにかえていって、成長していく。

そうすると、地球が本当の意味でアセンション、次元を上昇していくわけです。

そういう発想です。

そのためのテクニックは何かといったときに、では3500年前から調和の学問としてある易の法則を活用しようじゃないかと私は思いつきまして、今回のテクニックをつくったのです。

ただ、「私がこんなすごいテクニックを使うのはよろしくない」とか、あるいは、「易経みたいな、すさまじく深い学問をこんな簡単に使ったらダメだ」とかいう信念体系、エネルギーパターンが自分の中にあると使えないんですね。

そのときには、その信念体系を別のテクニックを使って書き換えてみる。

〈なほひふり〉で思い込みを書き換える

今回は、なほひシリーズからもう一つ〈なほひふり〉というテクニックも扱っていきます。〈なほひふり〉は、自分の中にあるいらない思い込みや信念体系を認めて、望む形に書き換えるというテクニックです。

〈なほひふり〉も私の造語です。なほひ（＝喜びの波動）をふりふり活性化することで、ダウンロードしたいエネルギーを取り込むという意味です。

本書では、〈なほひふり〉を易のシンボルとの合わせ技で行う画期的な方法をお伝えしていきます。これを使いこなせば、難しい勉強は本当になしで、どんどん潜在意識とコミュニケーションをとっていくことができます。

先ほど言った「自分の能力」や「易経という深い学問」を使ってはいけない、という信念体系を持っている人は、もうそれは必要ないと思うのなら、新しい信念に書き換えてしまえばいいのです。

そうすると、〈なほひはる〉という易を使うテクニックがより強力に働いていく。

そういうふうに道具をうまく活用しながら自分自身を高めていくんですね。

魂の本質を目覚めさせるためのテクニック

しかしここで勘違いしてほしくないポイントがあります。

テクニックは全部道具です。

この世界では、テクニックと自分を同一化している人が結構多く見受けられます。

このテクニックが全てで、「私は〇〇テクニックです」みたいな感じの方がいるじゃないですか。でも、それは違う。「テクニックは道具で、あなたはテクニックじゃないですよ」と言いたいですね。

「私はこのテクニックを一つのサポートとして使っています」という言い方が本当だと思

うのですが、「これで全部ハッピーです。私はこのテクニックそのものです」というように聞こえる。それでは本来のその人自身あるいは相手の魂の本質を目覚めさせることは難しいですね。なぜでしょうか。


重要なのは道具ではない。

易経という法則とか知恵でもないんですよ。

大事なのは、自分自身の魂の中にある神性です。

私はその考え方をとっているのです。

「いや、違う。易経はすばらしいテクニックで、おまえの人生はせいぜい100年じゃ。3500年も生きている知恵のほうが偉くてすごいに決まっているじゃないか」

それも考え方です。でも、その考え方を選んでいるのは誰ですかということです。

それはその人のエゴです。セルフなんですよ。

神性なるエネルギーは一切ジャッジをしない

奥底にある神性なるエネルギーというのは、何も判断しませんから。判断しないし、比較もしません。ジャッジがない、ただのエネルギーです。それを判断する能力を持っているのは我々人間です。我々人間が、判断する能力、決める能力を持っているわけです。それをただサポートするのが、神性なるエネルギーです。神性なるエネルギーは裁きません。

「神様、何で戦争をやめさせてくれないのですか」

何百年も何千年も言われてきたと思うのですが、全部人間の行動を許しているじゃないですか。神性なるエネルギーは、判断しないのです。ただの許しです。それに対していろんな形で制限をつけていくのは、人間側がやっている作業です。制限というのも、実はこの世界を認識するためにつくっているわけですね。それを我々一人一人がつくっているのです。

普遍的な集合意識の中でもつくられているし、民族的な意識の中でもつくられている。あるいは、時間というのは潜在意識下においては幻想ですので、今でもレムリアの意識とかアトランティスの意識とかあるわけですよ。次元を超えれば、天使の意識とかもある。あるいは、悪魔の意識とかもあるわけです。

宇宙根本の神性なるエネルギーは、その様々な層を通って、個人的に浮かび上がってくるわけですね。

個人のレベルからさらに深く潜ると様々な集合的意識層のフィルターがあって、そこを通して私たちは自分自身を認識しているのです。

そして、外側に見えている世界もまた、こうだと思い込んでいるフィルター越しに解釈した世界だということです。

私たちはフィルターから世界を認識している

例えば、今テーブルの上には、水の入ったペットボトルと時計があります。

ですが実際、「ここにあるのは時計しかありません」と催眠に入れたら、目の前に置いてある水のペットボトルは見えないですよ。私たちはフィルターから認識する。高度な催眠術はそこまでできますから。心の性質というのはそうなっている。その人のフィルターを通してしか認識できないです。

我々は一人一人、見ているものは違いますが、私たちは共有認識として、ここに水のペットボトルがあると見ているのです。ところが、ある人に催眠をかけて、「今ここに見えているのは時計だけですよ。ほかのものは何もありません」というフィルターをつくり出すと、「ここに水があります」とその人に言っても、「ないですよ」と返事がくる、そういうからくりです。

自分を変えるとは、エネルギーパターンを変えること

自分が体験する世界を変えることは可能です。

自分自身のエネルギーパターン（＝フィルター）を変えればいいのだから。

ただし、他人を変えるのは難しい。

自由意思に関しては、変な言い方をすれば、洗脳的なテクニックを使えば、やっている人

たちもいるわけですが、普遍的な人類の無意識層のところを変えることはできないのです。

「あの人だけ、普遍的地球意識の重力の法則を抜けさせてあげるようにコントロールする」とか、そんなことは絶対できるわけがないのです。

私たちは自分のエネルギーパターンを自分から変えることはできるけど、あるいは自分に近い個人的無意識層はできるけど、深い部分はできないのです。

その現実を認識しているのは誰ですか？

私は、「自分の人生をどう生きるか決めてください」という非常に抽象的な提案をしています。

簡単に言えば、幸せを生きるのか、楽しく生きるのか、もしくはつらく生きるのか、苦しく生きるのか。あるいは、地球は牢獄だから、牢獄の罪人としてこの地球を過ごすのか。

それはあなたが決めることです。

どこかのヒーラーがこうだと言ったからといって、それが真実じゃない。

あなたが決めることが真実です。

それなのに、自分で決めないで、いろいろなところに行って、「先生、教えてください」とやる人が多いなと思うのです。ですから、私は、セルフテクニックをつくって、まず自分で決めて、自分で使ってくださいと言っています。

あるいは、私のワークショップであるとか、私とご縁のあるところに来た方には、必ず「あなたが決めるし、全てはあなたなんですよ」と言っているのです。

あなたがいなければ、あなたの世界は認識できない、ということです。

よく、こういうことを言う人がいます。「私がいなくなっても、この世界は動くんですよね」。それはわからないじゃないですか。

「この世界が動くとか動かないとか認識しているのは誰ですか」と私は聞きたいですよ。

ここに〇〇があります、宇宙もあります、それを認識しているのは誰ですかと。

「私に生き霊がついています」。それを認識しているのは誰ですか。「私は今、つらいんです。多分これは誰かの生き霊がついているんです」。そうかもしれません。でも、それを認識しているのは誰ですかと。

あなたが、自分であるということ、自分がここにいるということを認識していなければ、世界はいいとか悪いとか、誰がいいとか悪いとか、あいつはバカだとか頭いいとか、誰も認識できないのです。だから私は、「すべてはあなただ」と言っていますし、「すべて今ここにあるのです」と言っているのです。

体は潜在意識とつながってすべてを感じている

過去世療法はどこにあるんでしょう。「今ここ」にあるんです。未来に向けての未来療法、未来催眠は、どこでやるんですか。ここでやるんです。ここの肉体を使ってやるんです。未来に一緒にタイムトラベルしてやるんじゃないのです。セラピストは、今ここでクライアントさんの肉体を使って五感に働きかけて、未来なり過去なりに行って体験させて、エネルギーを変えるわけでしょう。だから、起こっているのは「今ここ」なんですよ。

そのクライアントさんが自分で認識しなければ起こらないのです。「でも私、全然意識してません」と言う人がいますよね。あなたが意識してなくても、潜在意識は認識しているのです。

潜在意識は体とつながっているのです。ですから、あなたの体が、あなた自身が、まさに今感じているそこに、過去も未来も、すべてがあるのです。

縦系――先祖エネルギー／横系――過去・未来のエネルギー

私たちのエネルギーの流れには、大きく分けて2本の軸があると考えます。

一つ目は、私は「縦系」と言っていますけれども、ご先祖様です。ご先祖様がいらっしゃるから、私たちは肉体を持っている。肉体のDNAには、ご先祖様がいて、肉体に入っている情報の中で私の体はつくられているわけですね。ですから、先祖系も「今ここ」なんです。

そして、多元的に伸びていく中では、ご子孫もあなたの中にすべて今あるのです。「私には子どもがいません」、そういう方もいます。でも、ご親戚、あるいは認識してないご親戚がいるかもしれない。あるいは少しでも血がつながっている方がいるかもしれない。恐らくいるでしょう。それはエネルギーのレベルでいうと、多元的な世界としてのあなたの子孫でもあるわけでしょう。DNAの情報がかぶっているわけだから。

そして二つ目の軸が、私が「横系」と呼んでいる個人における過去・現在・未来のタイムラインです。そこには、過去世、現世において獲得した価値観のすり込み、信念体系があります。一般的にカルマと呼ばれるエネルギーパターンもここに入ります。

縦系の軸と横系の軸の交差する点が、「今ここ」のあなたです。

宇宙は多元的であり、縦と横は全部自分の中にあり、過去も未来も全部、今自分の中に、自分としてあるのです。

それがスタートであれば、今ここでいろんなセラピーが提供できます。

本来の力を取り戻すお手伝いをする

私のやり方は、基本的にリーディングのＯＫをいただきます。

エネルギーパターンをリーディングしていきますので、リーディングの結果についてエネルギーパターンを変えるか、解放するか、提案をします。

例えば、アトランティス時代に人を殺《あや》めまくって、王様のような生活をしていた。それを解放して終わらせましょうかと提案したとき「いや、私はそれを終わらせたくない」というのもOKです。選ぶのは自分だからです。

私は、一人一人の本来の力を取り戻すお手伝いをすると決めています。

私のワークショップにおいては、私は先生ではない。私は式神《しきがみ》なんです。召使いです。

ワークショップに来ていただける方が、光一さんを呼んだのです。

「私は、この世界で自分を取り戻して、本当の自分を生きて、喜びをまき散らそうと思っている。光一さんという、ちょっとおもしろそうなことを言っているのがいる。よし、呼びつけてやろうじゃないか」ということで、その集合意識が固まって、私は「呼ばれて、飛び出て、ジャジャジャジャーン、あなたの民」とやるわけです。

グループエネルギーがミラクルを起こすわけ

毎回同じテーマでも、集まる人は違うので、グループエネルギーもそのつど違います。

ですから、私はまず最初に、そのグループエネルギーをリーディングします。

「このグループエネルギーにとって、私がどういうテーマで行けば貢献できるのかな」というのをリーディングさせてもらう。

例えば「自分軸がわからないです」とか、あるいは、「心が他人に行っちゃっているんです」とか。「ああ、そうか。このグループは、まずエネルギーレベルで自分軸というものをお伝えしようかな」と決める。あと、リーディングでよく気が付くのは、「このワークショップで、自分にとって最高のものを受け取ることを決めてない人」が多いことです。それで承認をとって、グループエネルギーをまず調整するわけです。

続いて、「ビューティーセッション」と言われる私オリジナルのセッションを、瞬時に一人ずつやっていきます。

セッションでは筋肉反射テスト（後述）を行うのですが、セッションの前と後で筋肉反射が変わるから、みんなびっくりするわけです。そうすると、集合エネルギーが、「本当に変わった」と変容を認めてくる。認めてくれれば、誰かが「いや、私は信じない」と言ったって、30人のグループエネルギー、あるいは80人のエネルギーがあれば、変わったじゃん、という視点が育ちます。

そうすると、意識が変容を確認しあいますから、変わらざるを得ない。

個人個人を見ていただいていればわかるんですが、すごく変化していきます。顔の表情、色つや、立ち方、姿勢などが変化します。

それを見届けてあげることで、ご自身にも同じようなエネルギーパターンが入っていたらそれがゆるんでいくという相乗効果が起こるんですね。

そういう原理を使っていくということです。

グループエネルギーが支援してくるので、いい方向が出やすいと思います。

みんなに共鳴してもらってもいいところから話題にしていただいて、私にフォーカスさせてもらえれば、結構深く入っていけますから。それは表面に近い意識にある信念ではなくて、その奥のもっと根底に入っているエネルギーパターンにアクセスするということです。

その後、自分で自分に使えるテクニックを教えていきます。もちろん、セルフテクニックだから自分に使うのが基本なんだけど、「私もつらいから、やってね」と言う人がいたら、承認をとって、サポートしてあげればいいじゃないかということで伝えています。

だから、私はグルイズムとは違います。

私は、リーディング能力とエネルギーを扱うことで、超ヒーラーと見られがちですが、伝えたいことは、あなたも自分で自分の人生をデザインできるんだよということです。

あなたは、本来の力を取り戻して、本来のあなたを生きるためにここに来ているんだということを伝えたいのです。

「地球、イヤです」、それを超えていきましょう。

セッション例「私は力を使っても安全だ」

光一さんのグループセッションに参加して、「私は力を使ったら殺される」という潜在意識のパターンを「私は力を使っても安全だ」に変換して、号泣したAです。

実はセッションに参加したあの日の夜、いつも通りベッドに横たわり普通に寝ようとしたら、胸に真ん丸の鏡があるのです。

上半身を占めるほど大きくて、エネルギーというより、均一に真っ平（固い面）、硬質な感覚、クリアーに光ってる鏡が本当にあるみたいな感覚なんですね。というか、あったのです!!

昼間にセッションを受けた、その日の夜ですから、これは間違いなく「これからは力を使ってね」と光一さんから言われた、その力がコレだな、と思いました。なんて早い反応！　ビックリしました。

でも、この鏡をどう使えばよいのか全くわかりません。

いつもなら再び途方にくれるトコロですが、近い未来にきっと解決できる、という予感がありました。

なので、自分ができることをして、その日を迎えようと思い、光一さんのセルフワークブックを買って、毎日せっせと信念の変換をしてました。

そして、先日、ある出会いが用意されており、鏡の謎が見事に解けました。

シリウス系宇宙人だったときの過去世で持っていた胸の鏡でした。

お陰様で、今世のこの私も鏡を使っていけそうです。過去世の自分の協力が必要だと思いますが、私は力を使っても安全ですから。これがパラレルが移行したということでしょうか。

とにかく、精神的には、生きていることが、とても楽になりました。

光一さん、物凄い即効性でした。

苦しみは単なるスモッグ

必ず体の中にネガティブなエネルギーがあるという前提で見れば、そのネガティブなエネルギーを見つけ、それを特定し、そしてそれを解放するというアプローチができます。

結局、ネガティブなエネルギーが本当の自分を隠しているから、本当の自分、神様と同じ性質の自分とつながれない。

もともと、つながっているのに、いろいろなネガティブなこと、自分はダメだとか、人を憎んだりとか、恨んだりとか、悲しみ過ぎたりとか、執着し過ぎたりとか、ネガティブなエネルギーがあるがために、本来の輝く自分に近寄れない、一緒になれないのですね。

苦しい、苦しい、苦しい。何で苦しいか、なぜ逃れられないのか。

その苦しみと同一化しているからです。

その苦しみと同一化しているから、本来、それにとらわれることがないはずの神性、ディヴァインなエネルギーがあらわれないのです。スモッグみたいになっているから。

これはスモッグなんだと、払えればいいだけ。

でも、スモッグなんだとわからないで、自分とスモッグが同じものだと思っているから、「うわあ、呼吸が……」とかいう感じになっているのです。「呼吸が……」じゃない。スモッグなんだと気づけば、特定して払えばいいんですよ。

それが分離させることなんです。同一化していると、何が原因かわからない。

でも、分離させれば、それを選べる。

「あっ、とっちゃおう」。それか、「また戻そう」と。普通、戻さないけどね。

つらいのはイヤだろうから。ただ、つらいのが大好きという人は戻すかもね。

瞬時に変わっても、いいんです

私はいつも相手の潜在意識と会話するために、筋肉反射テストをして変容を確認していきます。（詳細は83P参照）
私のワークはすごく速くて、瞬時にエネルギーが変容します。
たまに速過ぎて、「こんなの、信じられない」と言う人がいます。それはその人の選択です。

速過ぎてもいいのに、実際そこでエネルギーが変わって、筋肉反射で確実に効果が出ているのがわかるのに、それでも疑うのです。

ということは、その人は、「こんなの、信じない」ということを選んでいるんですね。

例えば、セッションでこんな場面がよくあります。

相談者をリーディングしてみると、潜在意識に「自分を憎んでいる」という信念が入っていることがわかったとします。

そこで、「私は自分のことを憎んでます」と言ってもらい、筋肉反射をやったら、「そうだ」と潜在意識からの答えが出ます。「とってください」と言われれば、とりますよね。

数秒後にもう一回筋肉反射テストをやります。

そうすると潜在意識のスイッチはオフになって、思い込みはとれているんですね。

すると、信じられないと言います。信じられないということは、その状態でいたいんですね。では、また戻します、「はい、どうぞ」と。

そうすると、「私は自分を憎んでます」と言ってもらい筋肉反射をとると、外れない。

はい、オーケー。しっかり入りました。「ええっ！」と。

だって、あなたが選んだことですからね。

私はそういうことを言いたいのです。

宇宙はあなたの選択を全力でサポートしている

選ぶのは全部あなたです。私はサポーターだと言いたい。

「信じられません」、あなたがそれを選ぶのであれば、その選択を私はサポートしましょうというだけですよ。

宇宙はそうなっているのです。宇宙は常にエネルギーとして私たちをサポートしています。私たちは決めているだけ。ただ、その決めたことさえ、覚えてないから、苦しむわけです。そしてとらわれているパターンに気がついたとしても、解除する方法を知らない。

ですから、私は信念体系とか、深い意味での思い込みを変えていくテクニックもつくりました。

例えば、今の話で「私は罪人だ」という思い込みがあるか、筋肉反射で聞いてみたとします。

頭ではそんなことはないと思っていたけど、潜在意識に聞いたら罪人だという思い込みがしっかり入っている。

それはどこかですり込まれたのか。すり込まれたというのは、自分が許可したからですけどね。いろんな深い意味があってのことでしょうが、自分でそういうふうな思い込みをつくった経緯がある。

思いこみを見つけ出したら、まずはそれを認めることですね。

「そんなことはない」と言ったら、そのエネルギーは見出せないのです。認めることです。

潜在意識を書き換えるステップ①　思い込みがあることを認める

見えてないものには何もできないので、まず認識して、「私は罪人である」という思い込みが潜在意識下にあることを認めるのです。自分ではこの世界を罪人として生きているというふうには思ってないかもしれないけど、潜在意識をチェックすると、出てくるわけです。

そうしたら、それがあることをまず認めるのです。

このステップはとても重要です。そうである現状を認めなければ、その次にどうするか選択するステージに上がれないからです。

潜在意識を書き換えるステップ② 新しい選択をすると宣言する

思い込みやすり込みといったエネルギーパターンの存在をありのまま認めて、私は「新しい選択をしますよ」と宣言します。あなたが意識的に決めるのです。

潜在意識を書き換えるステップ③ 新しいエネルギーを体を通じて入れ込む

そうしたら、宣言した新しいエネルギーを、体を通じて入れ込んでいきます。

体は、潜在意識に直結していますから。

例えば、「私は許されている存在だ」というふうにエネルギーを書き換えたかったら、その「私は許されている」というエネルギーを、体を通じて入れ込むのです。

そうすると、筋肉反射をとったときに、「私は罪人です」というとオフになってしまうんです。書き換えられている。こういう情報が入っているんだなと気づいたら、その情報を書き換えればいいだけ。この書き換えをするときに、テクニックを活用していくのです。

ネガティブはチャンス！

でも、潜在意識に何のパターンを持っていて、何が今の自分を動かしているのか、気づくのは難しいですね。

実は潜在意識は、外側の世界を使って、このパターンに気づくための出来事をクリエイトしているというカラクリがあります。

つまり、自分にとってネガティブなことが起こったら、それは潜在意識のパターンを探すチャンスなんです。みんな、ネガティブを嫌がるけど、ネガティブはチャンスです。

ネガティブがあったら、それを特定して、リリースすればいい。

そうすると、その部分のスモッグがとれます。

気づかなければ、そのまま同一化してつらいままで、進化できません。シフトできません。

例えば、こんなことばかり起こるよね、ということもそうです。

「私って、何か新しいことをすると、大変なことが起こっちゃったりするよね。そういうパターンってあるよね」。これが気づきです。

それが嫌だったら、その人にとっては、「私が何かやろうとすると邪魔が入ることが起こります」というのは事実だから、それを認めて、新しい選択をする。

「私が新しい選択をするとき、すべてはスムーズに動くと決めます」と書き換える。

そうすると、シフトするのです。

いいことばかり起こっていたら、自分の成長を阻害しているエネルギーパターンに気がつかない。ネガティブはチャンスです。

陰極まれば陽に反転して上昇する

世界は全て陰と陽のバランスです。

ネガティブを避けるのではなくて、ネガティブが来たらチャンスです。

陰極まれば陽となる、ですね。きわめたら陽に反転して、上にシフトしていきます。これが上昇と言われるものです。

ネガティブを受け入れて、とことんまで行くというのは、陰のエネルギーをとことんまで探って認めるということです。

「もっといじめてくれ」ではない。勘違いしないでください。

ネガティブに気づいたら、それを１００％認める、認めればリリースされて、陰と陽が変わって、陽から上に行くんですよ。

上に行くと、また陰陽が生まれます。ただ、大きさが違う。

大きさが違うということは、自分の柔軟性がふえているということです。

心の自由度、自分のコントロール力が増していくということです。

これがずっと上昇していって、境目のなくなった世界にまで行けば、まさに神なるものである本来の自分、魂である自分として世界を体感するのかもしれません。

自分の内側に働きかけるとすぐに結果が出る

私は居酒屋に毎日のように行くのですが、この間、４人の熟年の女性がワーッとやっている席の隣に通されたんです。すごくパワフルなチームで声のボリュームが半端ない。これはさすがにまずいかなと思いました。

でも、実験だと思って、「なほひ」シリーズにある陰陽変換のテクニックを簡単にやってみたんです。一緒にいた人は私がそんなことしているなんて気がつきません。というのも、私にとって一連のエネルギー変換を発動させるために必要なコマンドはキーワードをつぶやくだけでいい。

何回もやっていると、プロセスが、アンカリングされているからです。アンカリングとは、一つのきっかけだけで、関連する状態やプログラムが発動するということです。そのテクニックをやったら、まさにミラクルでしたね。パワフルチームがすっと静かになったんですよ。効くんだと思いました。

何をしたのか。私はそのとき、うるさい4人の女性に働きかけたわけではなく、それをうるさく感じている自分自身に働きかけたのです。

どうやるかというと、自分の中に「まいったな」という気持ちが出てくるじゃないですか。「これは多分ムリだろうな」と思うのはネガティブなんですよ。「これはテクニックを使ってもムリだろう。ほんと、うるさいな」と。それはネガティブでしょう。

そのネガティブエネルギーがあることを認めて、全部全部全部全部、左手に出し切って、それで陰陽変換です。ポジティブに変換しちゃうんです。

するとどうなったか。静かになった。「あらっ！」という感じですよ。実験してみるものだなと。自分でつくっておいて、いまだに驚きながら検証している。楽しいし、誰にも迷惑かけるわけじゃないし、全部自分の中で完結させているわけですから。

結局、全部自分なんですよ。全てはあなたなんです。

親子間には波動共鳴が起きやすい

すべては波動ですから、あなたが変われば周りにも伝わります。

特に親子だったら余計伝わります。子どもは敏感ですから、潜在意識でバイブレーションを感じとっちゃって、どこかで気を使う。特に私なんか、昔から繊細だからわかっちゃうんだよね。そうすると、すごく遠慮しちゃう。「こうしてほしい」と思っているのがわかるけど、それに応えることは自分の魂にはつらいなとか、ありますね。

「あなたのため」とよく言うけど、一歩間違うと、それは押しつけではないですか。

親子間でよく起こることです。

でも、自分を整えたら、お子さんに対しても信頼するという感覚が深い部分ででき上がってくるから、言い方も変わってくるだろうと思います。

自分がどう生きるかという意識で取り組み始めると、身近な家族、子育てにもダイレクトに影響が出て、変化が出ます。

あなたが無意識パターンを苦しみながら続けていくか、意識的になって望む状態を内側でデザインし始めるかは、周りにとっても大きな違いとなるのです。

事例——家庭内暴力の息子を抱えたお母さん

以前、私のワークショップに参加した女性の事例です。

鳥取県からいらしてくれた方でした。その人は家族関係が激動でした。お子さんがグレちゃって、家庭内暴力がひどくて大変だったらしいのです。

ワークショップに参加した後、理屈はよくわからないけど、覚えたテクニックをひたすら自分自身に対してやっていたそうです。

そうしたら、私もびっくりしましたが、家庭内暴力がなくなって、しかもひきこもりだった息子が勝手に仕事を見つけてきて、就職して、初給料で「お母さん、お酒好きだから」と言って、高いお酒をプレゼントしてくれた。ガラッと変わった。

1年後に鳥取からわざわざワークショップに来てくれて、「おかげさまで、びっくりするほど変わりました。息子には何も言ってなくて、教わったことを自分でやっていただけなんです」と。どうしようもなかったそうですが、変わるんです。

事例——トラブルで止まった電車の中で…

この間、大きなトラブルで止まっていた電車内でのこんな事例がありました。

電車が再び動くまでどのくらい時間がかかるかわからないという最悪の状況で、見通しもつかないまま閉じこめられていて、イライラするじゃないですか。

そこに乗っていた男性が、私のやっている秘密の塾の生徒なのですが、「この車両全部のイライラ、ネガティブなエネルギー、全部受け入れます」と、塾で教えている陰陽変換のテクニックをやったんだそうです。そうしたら、5分くらいしたら電車が動き出した。

「私にもミラクルが起こりました」と報告してくれました。

誰もがパラレルジャンプしている

時間というのは、私たちが共通認識を持つためにつくっているわけです。

時間があって、言語もあるから、私たちはこの世界を一緒に楽しんでいることが認識できるわけじゃないですか。

ただ、本質的には深いレベルでの時間はないわけだから、この世界は、実はすべて瞬間瞬間の連続体なんですね。映画のフィルムのコマのようなイメージです。

そして、一つのコマと次のコマには、実は何の関連性もないわけです。だから全然違うストーリーのコマを持ってきてもいいわけです。

「俺はパラレルジャンプができる。教えてあげますよ」なんて人に会ったことがあるけど、「この人生自体がパラレルジャンプの連続だよ。俺は宇宙から教わっているよ」と言いたいですね。

この時空の仕組みは、瞬間パラレルジャンプの連続体なんですよ。そうじゃないと、あり得ない。

ただし、次のパラレルを自由に選択して人生をデザインしているのか、それとも自分を動かし続ける潜在的パターンに気がつかないまま、望まないパラレルへと移行し続けていくのか。あなたはどちらで生きていきたいですか？

私の認識が、例えば例の居酒屋の時空に縛られるとしたら、「うるさいな、今夜の俺は運が悪い」という感じでしょうね。もし、電車が止まって「早く帰りたいのに最悪」とイライラを募らせる乗客のままだとしたら…。

その時点で自分が被害者になるほうを選んでいるのです。

被害者？　加害者？　あなたは世界の貢献者です

誰もが外側の世界と関わるとき、被害者だ、加害者だとやっている。

それは一つの陰陽のモデルですが、宇宙の視点から見れば、違うんですよ。

大切なので何度でも言います。

あなたは貢献者だということです。

第2章

易経、フラワー・オブ・ライフ、大調和の秘密

今こそフラワー・オブ・ライフ（神聖幾何学）、
それから易が本当につながってきつつある。
この本はその結晶となるのではないかと思うのです。

「問い」だらけの人生から見えてきた宇宙の真理

私は、もともと、人間とは何か、この世界は何かと、内観したり、瞑想したり、自分の人生を探ったりしていました。

自分の中でのリーディングですが、多分４歳のとき、この世界がすごく不可思議に見えたんですね。私に見える世界は、みんなロボットのように動いていて、何でみんなこの世界を生きているんだろうと疑問に思いだしたんです。冷静に、つらいとかつらくないとかじゃなくて。親に言っても、多分おかしいと思われるだろうと思ったし、こんなことを考えるのもおかしいなと思って、自分ではそういうことを考えるのをやめたんです。

それと、ハイヤーセルフみたいな、見えない世界に友達がいて、当たり前のように会話していたんですね。でも、おかしいと思ったから、そういうのもやめた。やめて、普通の子どもになろうと選択したんですよ。

ただ、やっぱり根本的に、何かわからないけど、人生って何だろう、自分って何だろう、この社会って何だろうと思っていました。

中学生ごろになってくると、今度は比較が出てくるんですね。「こいつはいいやつなのに、親が貧乏でバイトしなきゃいけないから、勉強する時間もないし、成績も悪い。一方、あいつはすごく性格悪くて遊び回って悪いことばかりしてるのに、塾に行かしてもらって、家庭教師つけて、成績がよかったりする。それで威張る。この世界って何なのか」とますます疑問を持った。

高校は、いい高校に行きました。

当時はいい学校に行く人たちの家庭は年収が高い人が多かった。データ上、今もそうかもしれない。そのことに高校のとき、気づいてしまった。だって、周りにいるのは金持ちの子ばかりだから。そういう親のところに生まれてくるのは何だろうと思った。

中学生のときから占いを研究していたんですが、高校のときは心理学、哲学、宗教論にはまっていって、学校の勉強をするのがばかばかしくなってきた。

自分の魂の目標にマッチングしている人は勉強するんですよね。疑問がないから。

私は疑問ばかりだった。これは何なんだ、勉強した俺は何なんだと。

当時、「〇〇大予言」というのがはやっていて、大予言、多分当たるだろうからと、俺もすり込まれちゃった。俺は何歳ごろに死んじゃうんだから、勉強していい人生を歩めというのは意味ないなと思ってしまった。希望を失ったんですね。そういう考え方もあって、ますますつらくなった。

疑問は解けないけれども、いろいろ好奇心が赴くままに探究していくと、自分にもいろんな能力があるんだとかわかってくるじゃないですか。

ところが、今度は実生活がうまくいかないんですよ。いろんなことを知っているつもりなんだけれども、うまくいかないんですよ。分離していくんです。

結果の出ないスピリチュアルはただのファンタジー

私は、「この世界で結果が出ないスピリチュアルはただのファンタジーだ」という言い方をしているんですね。それでもいいんですよ。生活をきっちりできていて、ファンタジーとしてスピリチュアルを楽しんでいくのは全然悪いことだと思わない。

ただ、私はむきになってスピリチュアルをやってきたから。

この世界を幸せに生き、喜びに生き、世界に貢献していくためには、スピリチュアルというのは絶対必要だというのが私の根底の考え方なんですよ。

これがなかったら、この世界に貢献することは難しいです。スピリチュアルを学んでいく必要はあります。スピリチュアルを学び、この世界をデザインしていくのが、本来の生き方だと思っています。

リアルに生きられないスピリチュアルの人は、ファンタジーを生きているのです。ご本人がそれを認識していればいい。認識していればいいけど、「私はきのうも天使とお話しました。すてき。でも、きょう食べるおカネないんで、光一さん、おごってくれる？」。おかしいでしょう。おごってくれる？　天使が守ってくれるんだったら天使におごってもらえばいいわけだ。

そこなんですよ。天使と仲よくなったっていいんですよ別に。でも、「光一さん、今日、おごって」とか言われると、天使に「光一さんにおごってくれと言え」と言われたの？　と聞きたくなりますよね。そのバランスがとれてないんだ。

ハートの中心から生きる

チャクラは7つありますね。

7、6、5、この3つは三角形で示される。別の呼び方で言うと上丹田《じょうたんでん》。
下丹田《げたんでん》は1、2、3の3つ、逆三角形。

これが合わさると六角形。これはハートチャクラの象徴です（図1）。

上と下がつながるところがハートで、ハートこそ、地球人が全ての多次元の神性なるものとつながっていくポイントです。これからハートで生きていくということです。

上も重要です。下も重要です。そして、これからの時代はハートです。

ハートは調和をあらわします。調和を一番あらわしているものは易《えき》です。

図1　ハートチャクラのシンボル

なぜ易に目をつけたのかというところですが、調和、要するにディヴァインリビングの発想が出てきたんです。
ディヴァインコード・アクティベーションというのは、ディヴァインコード、つまり神性、「なほひ」のことですが、「なほひ」との回路をつなげるのは、喜びとかうれしさの波動なんです。波動が上がっていくと「なほひ」に近づいてくるので、そこで情報を書き換える。これが〈なほひふり〉です。「ふり」は活性化するようなイメージでつけた言葉です。要するに情報を書き換えるとき、この情報からこっちに書き換えてくださいというときは、「なほひ」の力が要るのです。

願い事を頼みに行くとき、どこに頼むでしょうか。神様に頼むでしょう。何で神様に頼むのでしょう。神様はその力を持っているし、その波動を持っているとみんな思っているからでしょう。私たちの中にも神様はいるのですけれども、その神様の波動は喜びです。感謝とか喜びとかうれしさです。その波動になって情報を書き換える、これが〈なほひふり〉です。


次に、一人一人が調和そのものを生きれば、調和が重なって、この世界が調和に満たされると私は思いました。それをやるために、この世界の調和をあらわす法則を何か使えばいいと思った。それが易だなと思った。

易はこの世界の事象をあらわしている。易の世界は全部調和だということに気がついたのです。なんと、易の本自体がいい波動なんですよ。

ちなみに、便利なのは、私は読もうと思えばその波動、周波数を読んでいけるんですね。易はいい波動なんです。調和というのはいい波動だから。さっきも言いましたが、易とか占いの中に我々は入るわけではない。私はボックスという言い方をしています。易という考え方の中に入っているのと、易という考え方を使う、上から見下ろすポジションにいるのと全然違うわけです。一つの調和の世界観なんですよ。そしたら、これを使えば楽じゃんということになった。

易のシンボルを使った壮大なアプリ

今回紹介するテクニックは、まさに壮大なアプリです。

易の卦《け》は、まっすぐ1本の線が陽をあらわし、チョンチョンと二本に分かれた線が陰をあらわしています。基本的には陰陽の組み合わせのシンプルなシンボルです（図2）。

シンボルが、世界の普遍的な人類の無意識層にエネルギーパターンとして眠っている。

だから使えるんですよ。

易は、この世界のシンボルが刻まれたもので、いわゆる亀甲文字は石とかに刻まれたと言われているわけでしょう。易をこういった活用の仕方をするというのは、世界でここから始まりますからね。すごいことですよ。

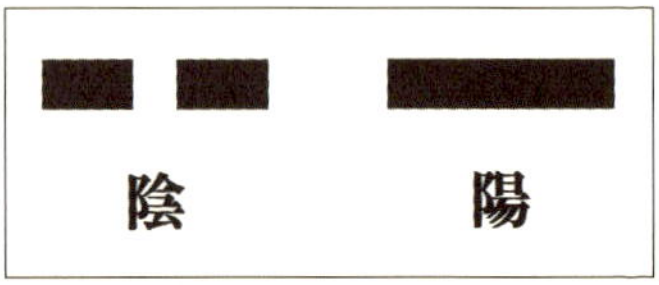

図2　陰陽の線

易はものすごく研究されていますし、いろんな学者がいます。晩年のユングの研究対象でもあったし、すごい知識なんですよ。それをカジュアルに出しちゃう。しかも、誰でも使えちゃう。

何かよくわからないけど、やってみると、自分が調和しちゃう。

自分が調和して人生に一歩踏み出していくのと、不機嫌な思いをして踏み出していくのと、どっちが世界に貢献するかといったら、明らかに前者じゃないですか。そういうことなんですよ。

〈なほひはる〉のテクニック、易を活用するテクニックを、遊びながらやることで、喜びがまき散らされる。そうすると、波動が波動を呼ぶので、調和の波動が広がっていくわけです。

私のやりたいことは、調和です。「○○反対」じゃない。いろんなやり方があっていいと思うのです。

犠牲者や加害者じゃない。それさえも超えて、貢献者だ、というところで生きている。

易は宇宙創成のシンボル

陰陽の考え方は、実は易です。

易というのは、太極、何もないところからエネルギーが生まれ、陰と陽ができた、簡単に言えばそういう考え方です。宇宙創成です。

宇宙創成は、何もない、意味づけがないエネルギーと言ってもいいでしょうね。

絶対はないけど、絶対に近いエネルギーということです。

絶対と言ったときに、一つの意味づけがされるので、それでさえもないもの、仮に「純粋なエネルギー」と言う必要があるのかな。そこから何か意味づけされたエネルギー、要するに認識できるエネルギーが生まれてくるわけです。動きが出る。

動きが出ると、それは陰と陽に分かれていかないと、この世界は認識できないのです。

この世界は全て対立でしょう。この世界に自分以外何もなかったら、あなたはあなたを認識できないのです。陰陽というのは、この世界の、この宇宙の基本原理です。陰陽によって認識し得る世界が生まれます。

「易」というソフトで世界の事象を見ていると

易経には、八卦と呼ばれる陰陽の組み合わせがあります（図3）。

その八卦が、陰と陽にまた2つに分かれていきます。もっと細かく世界を捉えるためです。易は細かいのです。全部で64の卦になってくるのですが、六十四卦があらわしているのはすごくまとまっている世界です（図4）。

地球の事象を全てあらわしていると言われているのが易だし、私はそういうふうにリーディングしています。

ちなみに、ここからは私のリーディングが入ってきます。

易は非常に深いものですし、このように気軽に使おうとするのはすごく勉強している方々からは攻撃が出るかもしれませんが、ただ、物事というのは、その人がどういうふうに解釈するかは自由ですから。

易もあれば、タロットカードもありますが、人に迷惑をかけることでなければ、どうリーディングしようが、どういうふうに解釈しようが、それは自由だと思うのです。

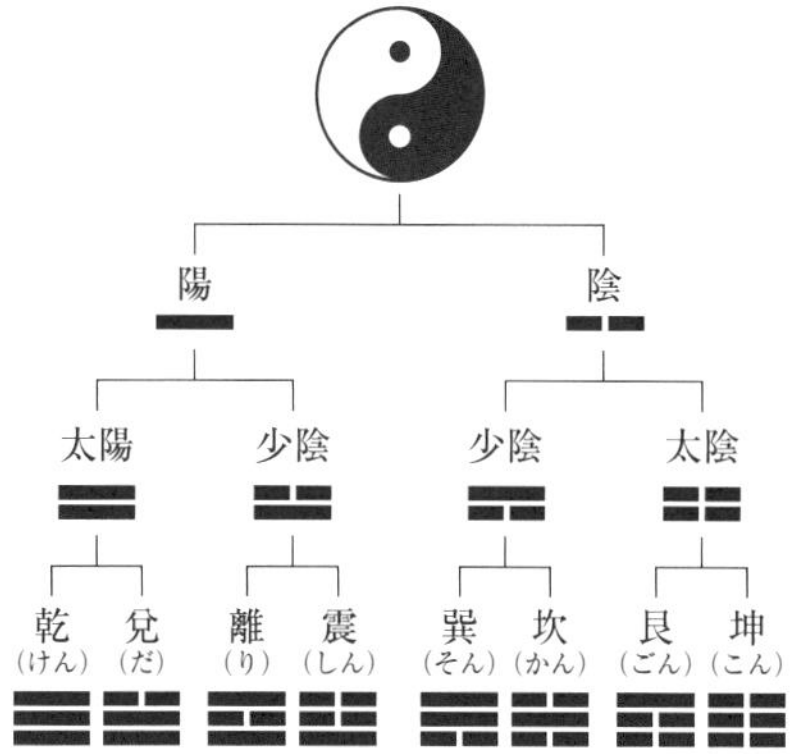

図3　八卦の成り立ち

MAGICAL I CHING CARDS

六十四卦早見表

(地) 坤《こん》	(山) 艮《ごん》	(水) 坎《かん》	(風) 巽《そん》	(雷) 震《しん》	(火) 離《り》	(澤) 兌《だ》	(天) 乾《けん》	上卦 ／ 下卦
地《ち》天《てん》泰《たい》	山《さん》天《てん》大《たい》畜《ちく》	水《すい》天《てん》需《じゅ》	風《ふう》天《てん》小《しょう》畜《ちく》	雷《らい》天《てん》大《たい》壮《そう》	火《か》天《てん》大《たい》有《ゆう》	澤《たく》天《てん》夬《かい》	乾《けん》爲《い》天《てん》	乾《けん》 (天)
地《ち》澤《たく》臨《りん》	山《さん》澤《たく》損《そん》	水《すい》澤《たく》節《せつ》	風《ふう》澤《たく》中《ちゅう》孚《ふ》	雷《らい》澤《たく》歸《き》妹《まい》	火《か》澤《たく》睽《けい》	兌《だ》爲《い》澤《たく》	天《てん》澤《たく》履《り》	兌《だ》 (澤)
地《ち》火《か》明《めい》夷《い》	山《さん》火《か》賁《ひ》	水《すい》火《か》既《き》濟《せい》	風《ふう》火《か》家《か》人《じん》	雷《らい》火《か》豐《ほう》	離《り》爲《い》火《か》	澤《たく》火《か》革《かく》	天《てん》火《か》同《どう》人《じん》	離《り》 (火)
地《ち》雷《らい》復《ふく》	山《さん》雷《らい》頤《い》	水《すい》雷《らい》屯《ちゅん》	風《ふう》雷《らい》益《えき》	震《しん》爲《い》雷《らい》	火《か》雷《らい》噬《ぜい》嗑《こう》	澤《たく》雷《らい》隨《ずい》	天《てん》雷《らい》无《む》妄《ぼう》	震《しん》 (雷)
地《ち》風《ふう》升《しょう》	山《さん》風《ふう》蠱《こ》	水《すい》風《ふう》井《せい》	巽《そん》爲《い》風《ふう》	雷《らい》風《ふう》恆《こう》	火《か》風《ふう》鼎《てい》	澤《たく》風《ふう》大《たい》過《か》	天《てん》風《ぷう》姤《こう》	巽《そん》 (風)
地《ち》水《すい》師《し》	山《さん》水《すい》蒙《もう》	坎《かん》爲《い》水《すい》	風《ふう》水《すい》渙《かん》	雷《らい》水《すい》解《かい》	火《か》水《すい》未《び》濟《せい》	澤《たく》水《すい》困《こん》	天《てん》水《すい》訟《しょう》	坎《かん》 (水)
地《ち》山《さん》謙《けん》	艮《ごん》爲《い》山《さん》	水《すい》山《ざん》蹇《けん》	風《ふう》山《さん》漸《ぜん》	雷《らい》山《ざん》小《しょう》過《か》	火《か》山《ざん》旅《りょ》	澤《たく》山《ざん》咸《かん》	天《てん》山《ざん》遯《とん》	艮《ごん》 (山)
坤《こん》爲《い》地《ち》	山《さん》地《ち》剝《はく》	水《すい》地《ち》比《ひ》	風《ふう》地《ち》觀《かん》	雷《らい》地《ち》豫《よ》	火《か》地《ち》晉《しん》	澤《たく》地《ち》萃《すい》	天《てん》地《ち》否《ひ》	坤《こん》 (地)

図4　六十四卦早見表

私は、今回、一つの考え方を提案しようと思っているわけです。

調和の場から「問い」を切り口として、エネルギーを取り出す

話を戻すと、易は、六十四卦において、すごく調和しているのです。

この世界の全てをあらわしています。ですから、六十四卦に向かって問いを出すことで、一つの問いに対する答えを切り取ります。

例えば、「私はこの人と恋愛をしているのですが、結婚できますでしょうか」とかね。そうしたら、その問いに関して、今この瞬間に卦を立てるのです。

ジャラジャラジャラとか、いろんな立て方がありますが、そこに卦が出ます。

この卦は、その問いに関して、100%的確に答えが出るのです。

なぜか。魂と心と体と環境は全て連係しているからです。

では、なぜ、「当たるも八卦当たらぬも八卦」なのか。これは、その答えをどう解釈するかなんですよ。

「結婚できますか?」と聞いたとしましょう。

易はイエス・ノーで答えてくるわけではないのです。卦で答えてくるのです。バランスがとれている六十四卦において、全ての事象が調和的にあらわされているところに問いをかけたときに、その問いに呼応する卦を出してくるのです。

その問いにおいて、六十四卦の中の一つのバランスを切り取るので、そこはアンバランスなんですよ。その卦においては完全だけど、六十四卦の中では大調和ではない。１つのアンバランスの結果なんです。調和から不調和の答えとして出てくる。

それをどう読むかが、易者の力です。リーディング力です。

すごく当てられる能力がある易者さんは、その卦を見て、「あなたは恐らく何月何日くらいに彼との何らかの結果が出るでしょう。それは今の卦で言うと、あまりいい方向ではないでしょう。ただ、こういうことをすれば、それが変わる可能性がありますね」とか言ったりします。これは、次の展開に出ていくための動きを読む、変爻《へんこう》というやり方です。

卦は、今この瞬間の状況しか読まないのです。

今聞いたから今の答えが出るけど、明日聞いたら違うかもしれない。

なぜかというと、エネルギーをその人が変えるかもしれない。

いろんなことがわかっている易者さんだったら、「あなたは、いい結果にするために、こういうことを、いついつの日にやってみてください」と提案するはずなんですよ。そこまでやる人がいるかどうかわからないけど。「ここでエネルギーに変化を加えれば、この状況はこう変化しますよ」というのが変爻です。

ただ私は、今回「易経」を占い的なことに使おうと思っていませんので、難しい勉強は一切いりません。

この世界をつくっているのはあなただという前提で、あなたが神様のエネルギーを活用し、そして、自分にとってより成長する人生、喜びの多い人生、喜びをばらまいていける人生のために易を活用してくださいというのが、今回の本です。

自分の人生を抽象的に決めてください

全ては、神性なるエネルギー、純粋なるエネルギーです。

人は神の子だとか、神性なるものとつながっているとか、神様の分《わ》け御霊《みたま》だとか、いろいろな言い方をされています。

それなのに、何で不自由なんですか。神様は、自由自在、あるいは喜び、うれしさなのに、なぜあなたは悲しんでいるのですか。

それはあなたが悲しい人生を歩むとか、歩まざるを得ないとか、どこかで決めているからです。

自分の人生を抽象的に決めてくださいと私は言っています。

「私は喜びの人生を生きます」とか、「世界に貢献する人生を選んでいます」とか、自分の魂が喜ぶことを決めてください。

もしあなたが、「私は世界一の悪魔になって、この世界を滅ぼす闇の王となるんだ。ハッハッハ」というのがうれしければ、そう決めてください。そういう人もいるでしょう。

あるいは、気づかずに、不安の中で、恐怖の中で、「ここの世界のやつらは混沌ばかりで、とんでもないやつらばかりだから、俺はこいつらしばいて、牢屋つくったるわ。ハッハッハ」というなら、それをやってください。それが喜びであれば。

ただ、これからは、今でもそうですが、いろんな層にもっともっと分かれていきます。

もっと違いがはっきりしていきます。

喜びの人生を歩んでいく人、いつまでも気持ちとして恐怖と限定の中で生きていく人、もっと分かれてくると思うのですね。

ですから、自信を持って、自分はこうだ、喜びに生きるんだと決めてほしいんですよ。法則に縛られるのではないのです。法則を活用するのです。

易は帝王学とも言われます。

占いというものは、世間をまとめたりする学問として使われてきています。

占い、タロットでもいいのですが、もともと自分の人生をよりよく生きるためにとか、そのために占いは生まれてきているのです。

ですから、私たちが神の子どもとして自分の人生をよりよく生きるために使われてきた知恵が、占いだと思うのです。

ただ、いつの間にか、その法則の枠の中に我々人間が収められている。

「私は豊かな人生を生きます。どうしますか、占いさん」と聞くのが本当なのに、「占いさん、私の人生はどうなるのですか」「おまえは不幸だ」「うわーっ、占いに不幸と言われた」、これはおかしくないですか。でも、こういう図式が世界でなされているのです。

ちなみに、タロットカードも、背後に隠されているのはマジックです。魔術です。

でも、占いとして使われているでしょう。そうすると、タロットの占いの枠から出られないのですよ。

私はタロットカードも教えていますが、それは解釈を教えているのではありません。直接体験を教えています。直接体験というのは、タロットのカードのエネルギー的な意味を知ってもらうこと、なじんでもらうことで、それが一番重要なんですね。

解説書は参考になりますけれども、書いた人のフィルターが入ってしまう。

もちろん、理屈を知ってもらったほうが、納得性はあると思います。

左脳と右脳、論理と感性ですから、わかりやすいと思うので、私なりの論理は教えますが、実際はわからなくても全く問題ないです。

本来、タロットの背後には魔術が入っていますが、魔術というのは、自然法則を活用して、人が自由に生きるための技術です。

最近はいろんな知識がすごく出てきています。隠された知識がどんどん出始めている。

タイミングでしょうね。私はそう思います。

タロットカードや易もそうですが、リーディング力は直感を使います。

ただし、エネルギーを直接感じる感性が煙にまみれて、信念でガチガチだと、感度を鈍らせます。ですから、そのときにテクニックを使う。いろんなやり方を組み合わせて使うことで、自分をかなり整えていけます。

私のテクニックはふだんからガンガン使えます。すごく結果が出ますすよ。

易の魔術　デモ①「だるさの解消」

「なほひふり」の話が出てきていますが、本書では「なほひふり」と易のシンボルを組み合わせた強力なテクニックを初披露します。

詳しいやり方は第4章でご紹介しますが、まずは、実際に易の魔術をお見せしましょう。

実は今回ヒカルランドさんのグッズ部門と連携して、易のテクニックをよりパワフルに、より簡単に使うためのサポートグッズをつくってもらいました。

その中の一つが、天然水晶でできたこの八卦サイコロです。カッコいいでしょう。

これはものすごく活用できる上に、私が易神《えきしん》とつなげますから、持っているだけでも相当強力なパワーグッズですよ。何かの法則があるときには、それを仕切るリーダー的エネルギーが発生しています。易の場合は「易神」ですね。今からこれを使ってデモンストレーションしましょう。

写真１　八卦サイコロ（天然水晶）

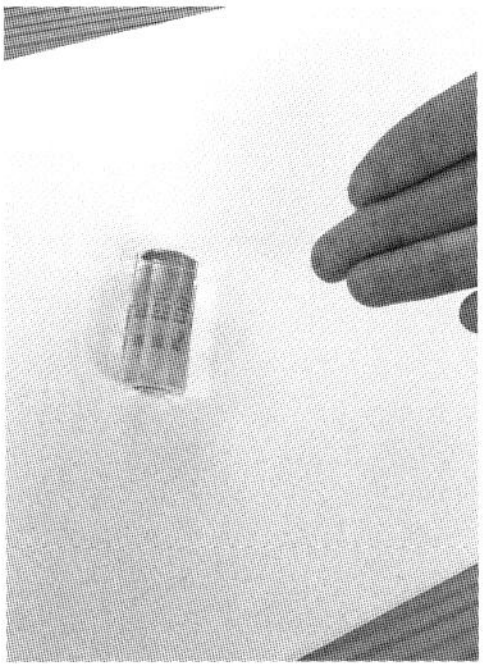

写真２　八卦サイコロを転がす

（女性編集者に向かって）どこか体調が悪いところはありますか。

――　全体にだるいです。

光ー「私は今、体がちょっとだるいです」と認めて。左手と右手の小指側の側面をトントン　トントンしながら、言ってください。

――　私は体がちょっとだるいです。

光ー「そして、それを解消することを選びます」。

――　そして、それを解消することを選びます。

光ー「それを解消することを自分に許します」。

――　それを解消することを自分に許します。

光ー　はい。では、「私がだるさを解消するために必要なエネルギー」と言って、八卦サイコロを転がしてください。

——私がだるさを解消するために必要なエネルギー。（「八卦サイコロ」を転がす）

光一　（「サイコロ」の面を見て）艮《ごん》ですね。

今八卦の中から一つのシンボルが出ました。これが下の卦、下卦《げけ》になります。

では、もう一回振ってください。だるさを解消するために必要なエネルギー。

——（「八卦サイコロ」を振る）

光一　坤《こん》ですね。この卦は先ほど書いた卦の上に書いていきます。上卦《じょうけ》といいます。

こうして8×8＝64卦の中から一つのシンボルが出ました。

何のシンボルかというと、今、潜在意識さんが、だるさを解消するために必要なエネルギーとして導き出した卦がこれです。全て今この瞬間にあります。

ちなみに今出た卦は、「地山謙《ちざんけん》」という卦ですね。通常の易ならば意味を覚えるところでしょうが、私の場合は、名前も意味も覚えなくていいです。

サイコロの面に出たシンボルをそのまま書き写すだけで大丈夫。簡単でしょう。

ではこれを使って、〈なほひふり〉を一緒にやってもらっていいですか。

今はペアワークでのやり方で、私の左手に今出た卦を載せます。

リラックスしてください。そして相手の左手の親指の先からこんな感じでつまんでいきます。これでエネルギーがもう流れています。

今、彼女にとって必要なエネルギーはこの卦だったんですね。

ちょっと温かくなってきましたか。このエネルギーを、潜在意識さんに伝えているのです。きょうはちょっと速度を速めますが、自分でやるときはもっと楽しみながらやればいいのです。

このときに、楽しいこととか、うれしいこととか、ありがたいこととか、喜ばしいこととかを考えていけばいいだけです。

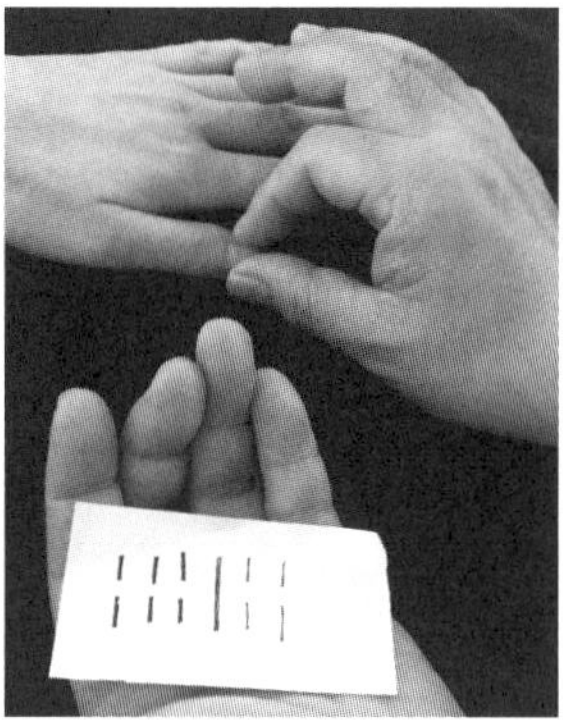
写真3　なほひふりペアワーク

そうすると、波動がすごく上がるので、ご自身と私の「なほひ」がぐっと活性化してくるんですよ。おお、楽しいな、楽しいな。ええのう、ええのう。ええんじゃ、ええんじゃ、みたいなエネルギーで、波動が共鳴してくるのです。

そうすると、情報が書き込まれてくる。

今、体が温かくなってきてないですか。

――ぞくぞくっとする。

光一　今、調整されているんですよ。魔術なんです。

――すごいぞくぞくする。

光一　調整しているんじゃないですか。こんなのは、任しておけばいいんですよ。いろんなやり方があっていいのですが、私は、眉間にしわ5本くらい寄せて、体をプルプル震わせながら、「うーっ、エネルギーを送るぞ」とかいうのはあまり得意ではないというか、そっち担当ではない。いろんな担当がいますからね。

私は、エネルギーが通っているなというのがわかるので。ピリピリしている感じとか、振動しているのがわかると思うのです。

――すごく、ぞくぞく、プルプルしています。

光一　これは私がやっているんじゃないですよ。ご自身で、潜在意識の答えを易で引いてもらったわけです。解消するエネルギー。私は、そのサポーターとなって、お助け役となって、今こうやっているわけです。

ペアワークのときはこうやるのですが、自分でやるときは、自分で左手の指の爪の両端をつまむと、勝手に流れてくるから。指先というのは体の中でも特に敏感なセンサーがある場所なので、エネルギー共鳴が起こりやすいポイントです。自分でやるのは、おもしろがって、楽しんで、うれしがって、感謝していればいいだけ。(詳細は第4章)

こんな感じです。どうですか。だるさは？

――まだ浸透中というくらい、すごい来ている。

光一　エネルギーは瞬時に起こりますから。ただ、この世界、タイムラグがあるからね。

ほら、彼女の目がちょっと変わってきた。だるさはなくなってきてますね。

――はい、なくなってきている。

光一　簡単でしょう。

――簡単。

光一　これ、自分でやればいいのです。

易の魔術　デモ②「方位におけるマイナスエネルギーの解除」

光一　違ったやり方のサポート例として、方位の話をちょっとやりたいと思います。

筋肉反射テストをやられたことはありますか。

――　ないです。

光一　では、親指と人差し指をくっつけてリングをつくってください。（そのリングの中に光一が指を入れて）私が引っ張りますから、離れないように頑張ってください。オーケー。力が強くていいですね。「はい、そうです」と言ってください。

――　はい、そうです。

光一　「いいえ、違います」

――　いいえ、違います。

光一　これは筋肉反射テストといいまして、イエス反応は筋肉が強くなります。ノー反応は筋肉が弱くなります。これはウソ発見器の原理の一つにも使われています。

これから、4方位が自分にとってプラスかどうか、探っていきますので、力はずっと入れていてくださいね。

「今、この時間で、私にとって、北」と言ってください。

――　今、この時間で、私にとって、北。

光一　（引っ張っても、相手のリングは崩れない）「今、この時間で、私にとって、南」

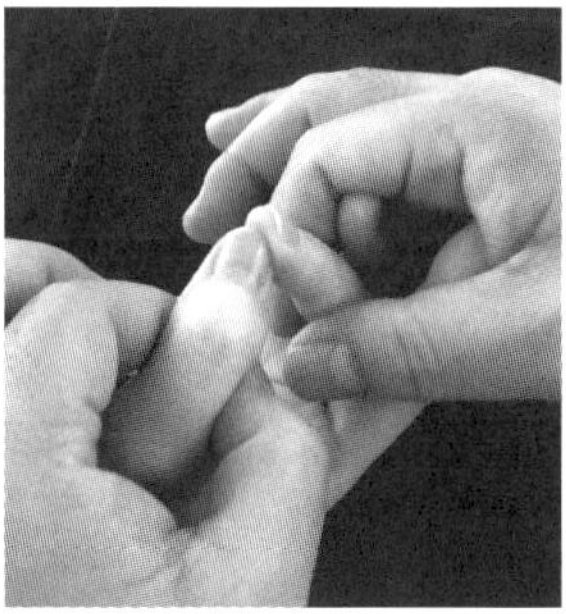

写真４　筋肉反射テスト

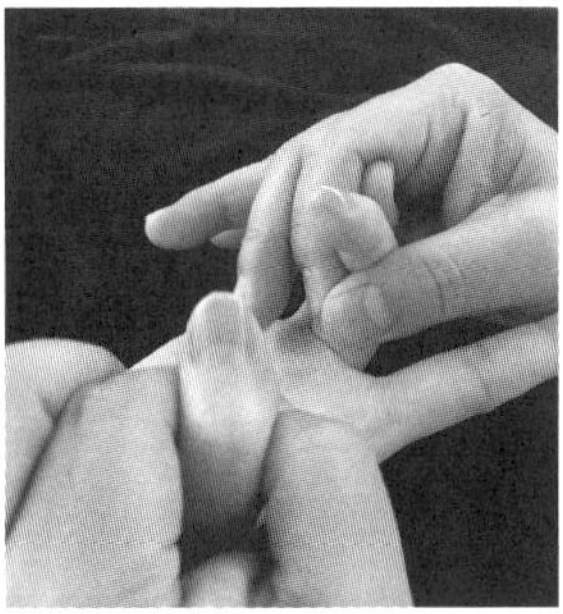

写真５　OFF の状態

――今、この時間で、私にとって、南。

光一（引っ張っても、相手のリングは崩れない）「今、この時間で、私にとって、東」

――今、この時間で、私にとって、東。

光一（引っ張ると、相手のリングが崩れる）これ、弱いですね。

もう一つやります。頑張ってくださいね。「今、私にとって、西」

――今、私にとって、西。

光一（引っ張ると、相手のリングが崩れる）これも弱い。東と西が弱いですね。北と南は強い。こうやって方位の影響を考えながら、いい方向に行くとよいとか、また悪い方向に行くとよくないとは言われるのですが、その制限を解くやり方があります。

「今この時間、方位のマイナス影響をとるエネルギー」と言って、(「八卦サイコロ」を)転がしてください。

光――今この時間、方位のマイナス影響をとるエネルギー。(「八卦サイコロ」を転がす)

もう一回同じように振ってください。

光――今この時間、方位のマイナス影響をとるエネルギー。(「八卦サイコロ」を転がす)

出ましたね。卦の名前とかあるのですが、それにこだわっているわけではなくて、この卦にこだわっているのです。よろしければ私がこのエネルギーを注入しますが、よろしいですか。

――はい。

光――はい、入りました。では確認してみましょう。

(なほひふり実行中)

言ってください。「今、この時間において、私にとって東」。

――今、この時間において、私にとって東。

光――(引っ張っても、相手のリングは崩れない)ほら、強くなっています。

では、「今、この時間において、私にとって西」。

――今、この時間において、私にとって西。

光一　（引っ張っても、相手のリングは崩れない）ほら、強くなっています。

ですから、今のこの時間で、マイナスエネルギーはどこにもないということです。

これが易なんです。

例えばどうしても行かなければいけない場所が、よくない方位にある場合があるじゃないですか。そのとき、陰陽道なんかは方違《かたたが》えというやり方をとったりするのです。

方違えは、その目的地へまっすぐ行ったらまずいから、一回、別の方向へ行ってから再び目的地の方へ行く。でも、面倒くさいじゃないですか。私はカジュアルだから、さっきのやり方を思いついた。

どうしても悪い方位の所へ行かなければいけなかったら、不安でしょう。きょう、そっちへ行かなければいけないんだったら、「そこにあるマイナスエネルギーを除去するエネルギー」と言って、深い層から、易の神様にそれを引っ張り出してもらえれば、いいわけだ。易の力はヤバイんだから。

易は宇宙から来た

この八卦図（図5）というのは、紙の上では平面で表されているけど、本当は立体です。私のイメージだけど、立体であるものをもっと上から見たら、平面にしか見えないじゃないですか。全部立体だけど、平面で見えている。八卦というのは、立体であらわすのは結構難しいのです。だから、フラワー・オブ・ライフみたいな、立体的な次元に行くポータルかもしれない。これを通して、フラワー・オブ・ライフの一つのポータルの世界に入っていく可能性がある。宇宙の中にある根本的なエネルギーのポータルだね。

例えば、八卦は平面的に乾《けん》・兌《だ》・離《り》・震《しん》・巽《そん》・坎《かん》・艮《ごん》・坤《こん》の8つです。平面であらわすのですが、私たちは三次元の存在であるから、全てそこがポータルとなって、関連する、共鳴するエネルギーに浸透していくんだと思うのです。

ということは、易というのは、複雑化しているように見えるものを、平面の八卦にあらわしてポータルをつくってしまったものだということです。ヤバイ。本当にすばらしいです。

図５　八卦図

私は、実は易というのは宇宙から来ていると思っています。

宇宙人が地球を見て――地球は球体ですよね――そこにポータルをあけるとすれば、平面であらわすしかないわけです。それが易かなと思っているのです。

だから、今こそフラワー・オブ・ライフ（神聖幾何学）、それから易が本当につながってきつつある。この本はその結晶となるのではないかと思うのです。

積極的に易の世界をコントロールする陰陽マスターへ

結局、体験したのは全て自分だから、自分において大調和。見ているものは全部自分が認識しているものだから、「大宇宙、私において、大調和」なんですよ。

そして、そのときに易のシンボルを活用するのです。

ポータルだから、引き出して、自分において調和させる。

今までのように易の世界にコントロールされるやり方ではなくて、積極的に易の世界をコントロールするやり方です。

それを何回かやって、調和している感覚で、「ありがとうございます」なんですよ。

そうすると、自分が世界の認識においてただ反応するわけではなくて、自分が調和して入って何かが起こったとき、調和の中から自分のアクションが起こってくることになるわけです。今までは世界に何か起こったら、我々は認識の中でロボットのように反応しているだけだったんですよ。

だったら、そのやり方を逆手にとって、まず調和していったら、何かが起こってきても、さっき言いましたように、「ネガティブ、来たな。これを受け入れれば、私において調和しているわけだから、これはエネルギーが反転するよね」、そういう話なんですよ。

だから、今までの発想とは違うので、一度、易の考え方を横に置いてもらったほうがいいかもしれない。なまじ知っていると、そっちに引っ張られる可能性がある。アプリと思って、何やわからぬけど、楽しんでもらえばいい。

八卦エネルギーそれぞれが持つ意味

八卦のシンボルにはそれぞれにテーマがあります（図6）。

乾《けん》というのは、親とか、上がっていくとか、強さです。

兌《だ》は、小川とか川とか、そういうシンボルです。感情面も全部つながってくる。そのポータルだから。

離《り》は、火とか、体では目に関連している。

いろんな解説本が出ているけど、どれもほぼ一緒です。参考までに一覧でご紹介しますが、今回「なほひはる」を普段やる上では、別に意味を覚える必要はありません。

ただ、そういうシンボルがいっぱいあって、楽しめる人は、「自分にとって大調和」だから、「離」とやって、きょうは離に関する事象は結構強いんだなとか、きょうは優しいんだなとか、感じながら味わっていく。その時の受け取り方も自分が決めるのでいい。

人間というのは暦と連動しているわけで、世界と呼応しているからその日の自分の状態によって感じ方も当然変わります。

八卦（はっけ）の意味

易数	1	2	3	4	5	6	7	8
	乾	兌	離	震	巽	坎	艮	坤
八卦	☰	☱	☲	☳	☴	☵	☶	☷
読み	けん	だ	り	しん	そん	かん	ごん	こん
正象	天	沢	火	雷	風	水	山	地
易数	1	2	3	4	5	6	7	8
卦意	円満健全	和む	付く	発奮	行ったり来たり	陥る	高尚	厚い
卦徳	剛健	悦ぶ	明らか	動く	従う、入る	険しい	止まる	柔順
家族	父	少女	中女	長男	長女	中男	少男	母
身体	頭	口	目	足	股	耳	手	腹
方位	西北 いぬい	西	南	東	東南 たつみ	北	東北 うし とら	西南 ひつじ さる
九星	六白	七赤	九紫	三碧	四緑	一白	八白	二黒
五行	金	金	火	木	木	水	土	土
人物	リーダー	楽しい人	明るい人	突進タイプ	営業マン	内にこもる人	がんこ	受け身タイプ
その他	活動的	楽しみ	芸能学問	騒ぐ	出入りする	険しさ	不動産	包み込む
	高貴	喜び	気まぐれ、情熱	音や電気	情報	困難	神社仏閣	育てはぐくむ

図6　八卦の意味一覧表

心と体と魂と環境と時間は連動していて、固定されません。

毎朝、状態は違うでしょう。それと一緒ですよ。毎日、状態は違うんだから、その人は毎回、大調和において、易のエネルギーを自分の中で調和させるんだから、感じ方は違うじゃないですか。感じなくてもいいけど、感じられる人は楽しめるんじゃないかということです。

「Do → Have → Be」の幻想

もう一つ、話をしましょう。

今までは、私たちはこういうふうに教えられているのです。

これこれこういう行動を起こしなさい、と。例えば、わかりやすいのは、「勉強しなさい」(Do)。

そうすると、あなたは、いい大学に入り、いい職につけますよ(Have)。

その結果、あなたは幸せになりますよ。幸せな状態になりますよ(Be)。

だから、あれしなさい、これしなさい。そして、これを持てば、あなたは幸せな状態になる、とずっと教えられてきているわけです。

ですが、私は、状態が先だと言っているのです。幸せになるために何かをして、何かを持って幸せになるんじゃないのです。

状態が先です。この「状態」をもたらすのが、易を使って、「私において大調和」の宣言をすることなんです。この世界は、先にBeingがあって、それに共鳴した事象が起こっているのです。

調和の法則である易を使って、「私は既に今、大調和の状態で動いていますよ」というBeingであることが全

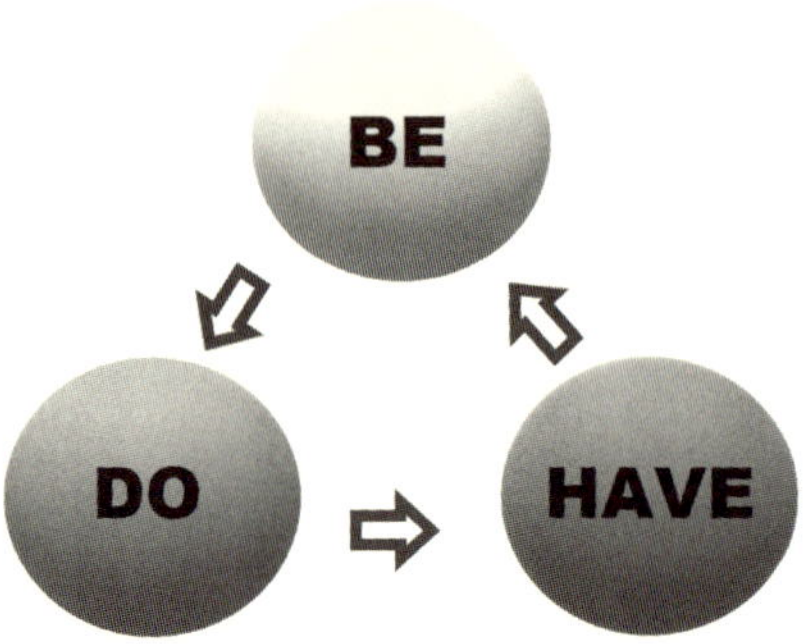

図7「BE → DO → HAVE」

てのカギを握っているのです。

調和のとれたBeingからアクションを起こしたとき、おのずと行動は調和となるんです。調和の周波数なんです。そうすると、結果的に何が起こるかというと、幸せな状況、調和の状況が発現するということです。

〈なほひはる〉はこの原理です。

あなたが「なほひ」（直霊）の「はる」、発現をしてください。「あなたの名前は何ですか？」「大調和です」でいいんですよ。そういうことですね。

私の一つの行動は、調和のアクションなんですよ。そうすると、もしかしたら、この世界はもっと便利になっていきますが、未来には原子力はなくなっているかもしれません。「一生懸命働きなさい。便利なエネルギーを使うために」。そういうことをやっているから、Doingが乱れたんです。

でも、違うんです。最初はBeingなんです。

そこが今までずっと隠されてきている。何で隠すのか。これをやっちゃったら、コントロールできなくなるんですよ。Havingが幸せだと教え込み、そのためにDoingが必要だと言い、「そうするとこうなる（Do→Have）」と我々は教えられています。「これが幸せなことなんだ」と、どれだけ洗脳されているか。それをすり込みというのです。

例えば、テレビコマーシャルで、でかい車に乗って、家族でウワーッと海に行って、ニコニコ笑ってハッピーとか、それが幸せだとすり込みされているのです。そしたら、「買え」（Do）ですよ。

この三角形は、Beingがスタートであったほうが世界に貢献できるということです。

（Do→Have）でやるとしたら、犠牲者と加害者しか生まれないのです。（図7P92）
調和のとれたBeingからスタートするのです。不調和のBeingから入っていくと、すり込みされます。「これを持てば幸せになるんだぞ」とか、「これをやれば幸せになるんだぞ」とか。

そうすると、本来の完璧なあり方であるBeが、「なほひ」が隠されちゃうんです。ですから、今の状況がつらいと思ったら、これはチャンスだということです。その状況を作っているのは自分自身のエネルギーだから、隠されてきているものをあらわせばいいわけです。「これをやれば幸せだ」と洗脳もされ尽くして、みんな疲れ切っているわけですよ。「あれやれ」「これやれ」「何でそれやるの?」「あんたの幸せのためだよ」とすり込まれているんでしょう。

まず、すり込みされていることを一回認めて、「こういうふうになれば幸せだ」とか、あるいは今のこの状況、自分は人からバカだ、バカだと言われてきたけど、それって本当なんだろうかと気づいたら、〈なほひふり〉で情報の書き換えをやってみればいい。

あなたが貢献する世界の出現

今回、全ての方にお勧めなのは、Beを整えることです。

整えるために、私は、３５００年前から、人類の潜在意識層に調和の法則としてある易経を使うことを思いついたのです。易は、六十四卦、あるいは八卦図のバランスで見たときに完全です。フラワー・オブ・ライフの中に隠されているわけですから、全ての次元につながっていくポータルなんですね。

まさに直感でこれはヤバイと思ったのは大正解です。これを楽しみながらやるだけで、世界が変わってくる。あなたが貢献する世界があらわれてくる。これが新しい世界ですよ。

自分の力に気づく

易はややこしいと思い込まされていると思います。

易をみんなが使って、本来のその人の力が思い出されてしまうと、コントロールがきかなくなるから、支配層は困るんです。

そこに関しては、私はこういうふうに思っているんですね。

この地球に人類が生まれたとき、恐らく世界的には混沌としていたと思うのです。要するにバランスがとれてない。

そのとき、一人一人に好きなことをやらせていたら、世界が安定しないと思った人たちがいると思うのです。そういう人たちが、管理する世界をつくったんだと思うのです。そうすると、組織化されてきますから、世界は安定してくるわけです。それで安定してきた世界が今までの世界でしたが、最近はそれが限界になってきているんですね。

要するに魂が目覚めつつある。一人一人が調和を生きれば、世界はもっと調和するんだよというところに、魂レベルが気がついてきていると思うのです。

霊性開花とフラワー・オブ・ライフ

私は、それがフラワー・オブ・ライフの形にあらわれていると思っています。

一人一人が輝いてくれれば、大きい輝きが生まれる。今までは組織によって統制することが安定した世界をつくるんだと、支配層の方々が本当に思っていた可能性があると思います。でも今はもう目覚めてきている。

日本を見ているとよくわかるのですが、今までの日本の行政はすばらしいと思います。きっちり組織化できているし、ある程度目覚めなくても、中流の幸せと言われましたが、半分寝たような人生を歩めたわけです。でも、今はそうはいかない。頼れないから。じゃあ、どこに頼るのと言ったときに、自分に頼るしかないのです。ここで日本の霊性がもっともっと目覚めてくると思っています。

これは世界に広がると私は思っています。世界も、もう国が個人を支える、組織が人々を支えるという時代じゃなくなってきている。逆をいうと、一人一人が目覚める必要があるということですね。甘えは通用しないということです。

今まで組織がつくってきて、半分眠っていれば、中流の幸せみたいなのもあるのだろうと思ってきた。でも、いつまでもそういう時代のように甘えていたら、地球も、国も、組織も耐えられないという状況になっていると思います。

新しい地球へ――一人一人が自分に目覚めるとき

では、どうするのか。**自分に目覚めればいいのです。あなたにはその力があるのです。**あなたが目覚めれば、新しい地球が生まれます。間違いなく生まれます。この世界をもっとすばらしい世界にシフトするタイミングだと思うのですが、それの鍵は一つだけです。本来の自分の力に気がつくことだけです。これが最大の鍵です。

そして、自分の力があるといったときに、比較もなくなってきます。比較ではなくて、共立、ともに立つ、共育、ともに育つ、ともに成長していく世界に変わります。一人一人が世界の貢献者だったら、比較はない。被害者も加害者もない。

そして、これが実現したとき、今の貨幣価値が本当の意味で変わると私は思っています。仕組みが先に変わるのではない。一人一人の意識が変わるのが先です。

楽しみと喜びが高波動、楽行のすすめ

それが新しい時代のチャレンジだと私は思っています。楽しいチャレンジじゃないですか。つらく泣き叫ぶのではなくて、楽しくやってください、喜んでやってくださいと私は言っている。楽しみと喜びが、神様の波動です。

修行して修行して、その末に意識が変わる、という考え方がある。これもいいです。あれは要するに、自我が壊れるからつながるのです。修業はつらいでしょう。つらくてつらくて、自我が耐えられなくなるのです。そうすると、自我が外れて、そのときにつながっていく。これも一つの方法です。

私は、苦行ではなくて楽行《らくぎょう》派なので、楽しくやることをお勧めしているのです。ただ、そういうつらい修行系で開くのも否定はしませんし、それもありだと思いますが、それをしなきゃできないことではない。今の時代はそうではないと思います。

瞬間瞬間を楽しみ、喜びながら、「なほひ」あるいはユニバース（宇宙）とつながっていくことが可能な時代だと思っています。そういう時代なんですよ。

これ、すごいでしょう。

「この瞬間、私において、全宇宙、大調和なり」、そうしたら、アプリ始動です。

八卦図からエネルギーをいただいて、乾、兌、離と言って、おお、高まってきたと。

大調和して、「大調和、ありがとうございます」。

この私のアクションが宇宙にさざ波のように調和をつくっていく。

Be、Do、Have。カッコよくないですか。

大調和、そこから私のDoがさざ波のように世界に調和を広げていくのです。

バタフライ効果という話があります。

簡単にいえば、チョウチョが飛んで、世界がさざ波のように変わっていくというお話ですね。それと同様にあなたが世界の大調和の貢献者となってくださいという提案です。


「どうやってやるの？」

「遊んでみてください」

「本当かよ」

「わかりません。でも、楽しんでください」。

「俺は、3500年培われた知恵の法則使ってんねん」、そういう時代なんですよ。

作用反作用の法則を知る

易というのは本当に奥深いものだから、好きな人は本格的に勉強すればいい。でも、興味がそこまでない人もいる。タロットのほうが好きだという人は、タロットを勉強すればいい。あるいはマーケティングを勉強するというんだったら、それでもいい。

でも、易っておもしろいなと興味を持ってくれる人だっていると思います。

それを最初から難しくとっつきにくい感じにして、易はそんな簡単なものじゃないとか、こんなサイコロを転がすなんて、おまえ、易から怒られるぞとか、そういうことを言う人はいっぱいいいると思います。でも、俺は大丈夫。それよりも、そんなことを言っている人たちのほうが、法則で言えば作用反作用だから、やられちゃうんじゃないかと俺は思う。

作用反作用というのは、例えば人をあやめれば、あやめられるというものです。人を批判すれば、批判されます。そういう法則がある。

これは誰かがやるんじゃない。宇宙の法則です。批判する者は批判される。作用反作用です。後は放っておけばいい。それは法則が決めてくれる。

神様はジャッジしない。でも、法則は判断する仕組みになっている。与えれば与えられる、奪えば奪われる。法則なんです。

ギブ・アンド・テイクというでしょう。あなたとギブ・アンド・テイクしました、これは低いレベルの法則です。取引だから。でも作用反作用はこういったギブ・アンド・テイクではない。宇宙の法則です。

あなたは誰かに何かを与えました。その人は何も与えてくれないかもしれない。でも、宇宙は何か与えてくれる。これのほうが普遍的な法則であり、ギブ・アンド・テイクの小さなボックスから抜けられることなんです。

アンバランスな世界から調和に向かう

生き方本とかいっぱい出ていますが、表面上のことばかりで、エネルギー、見えない世界のことを理解してない。いろんな隠された知識は出ているのですが、どう生きていくかということを意外と書いてないのですね。

今の世界はアンバランスなんですよ。バランスをとるためには、外側からバランスをとろうとする努力も必要だけれども、私の提案は、まずあなたが自分の中で調和をとってください ということです。全てはバランスなんです。

バランスをとりなさいというけど、どうやってとったらいいか、わからないわけでしょう。だから、まずエネルギーの世界で、何が何だかわからないかもしれないけど、世界のバランスをあらわしている易を使おうという発想です。

日常世界のメンテナンスの中で、陰陽のバランスを自分の中で整えるのがあなたの役目です。状況は中立だけれども、人によって必ずネガティブを感じることがある。そこが自分にとってバランスをとっていくチャンスです。

アンラッキー＝ラッキー

例えば、毎日、易で調和をつくってから出かけていったときに、気づきやすくなるはずです。「このやろう」と思ったら、「あっ、不調和が来たな。ラッキー」となる。

アンラッキー・イコール・ラッキーみたいな。だって、自分が成長できると知っているから。そしたら、後は早いと思いますよ。

これまでも私が開催している秘密の塾の塾生には、いろんなミラクルが起こっています。

お局さんみたいな人にすごくいじめられて、トイレに駆け込んだ。

あるテクニックを使って、そのイヤなエネルギーを特定してリリースしたら、気にならなくなったらしいんだけど、何とほどなくしてその人が会社からいなくなっちゃった。

だから、外に働きかけるよりも、自分の中のエネルギーに働きかけたほうが早いんですよ。

反応を起こす脳のプログラムに気づく

でも、我々は反応するようにつくられている。

何か事象が起こったら、例えば犬がワンと吠えたら、人によっては、「かわいいな、この犬。吠え方がかわいい」と言う人もいる。これが反射です。その人のフィルターを介して脳のプログラムがガーッと起こって、瞬時に「かわいい」と思うか、「犬、おっかない」と思うか、「うるせえな、ばかやろう」と怒るか、人によって反応が違う。

その回路、プログラムを無意識的にくり返しているだけだと、私たちはその世界から抜けられないのです。それを抜けるために、そのプログラムに気がつけるチャンスが、ネガティブな反応をしたときなのです。

ポジティブな反応はいいのです。「俺、これ結構好きだな」「うれしいな」。喜びというのは、神様に近いから、これはいいんです。

でも、私にもイヤな感情が出ることはもちろんあります。

例えば、私にマウンティングしてくる人が結構多いんですよ。「あなた、結構能力あるって聞いたけど」みたいな。いるんですよ。「ああそうですか」「そう聞いたわよ」。そこに反応したら、そこと同じ周波数に入ってしまう。昔はやり合ったこともあるけど、私も成長しているから、シフトしているから、最近はスルーだし、もっと最近は、「おっ、いただき」という感じです。

俺の中のネガティブ、「こいつ、マウンティングしてきて、イヤなやつ」というのをシフトチャンスとしていただいちゃって、陰陽変換をやっていますから。そうすると楽だし気にならなくなります。

陰陽エネルギーのスパイラル構造モデル

陰陽エネルギーを扱う考え方のベースには、「陰陽反転→統合→シフト」というスパイラル構造のモデルがあります。ネガティブを反転して統合したら、ぐっと上昇して、陰を陽にしたわけだから、拡大した陽に対しての陰がまた生まれる。

その陰をもう一回反転してまた上昇します。スパイラルで上昇していくというのが私の考え方です。成長シフトなんです。陰陽があって、統合してシフトする。

そうすると、陰陽が大きくなって、ボックスが大きくなっていくんですよ（図8）。

図8　陰陽統合シフトの仕組み

もともと人には、分け御霊たる柔軟性、能力があり、それが上がってくるということです。人生を楽しくクリエイト（創造）していく力がどんどん増えていく、世界に対する柔軟性がふえてくる。これが自分の「なほひ」を輝かしていく成長のプログラムです。だから楽しいじゃないですか。

マスターのエネルギー層にも陰陽の法則は作用している

この陰陽統合、成長のゲームをずっと行っていって、終わりがなくなったとき、恐らくまた戻るのではないでしょうか。陰も陽もない、絶対の、まさにオリジン、純粋エネルギーそのものにいつかは戻るのではないでしょうか。それを私は本当の解脱と言っています。

地球の輪廻転生を超えることが解脱だとは私は思っていない。

天使でさえ、マスタークラスでさえ、エネルギー体としては、まだ輪廻転生を繰り返している存在もいると私は思っています。

例えば、ブッダは覚醒し、輪廻転生を終わっていると言われるけど、ブッダの分身、アバターみたいな人たちはマスタークラスとして、マスターのエネルギー層にまだいらっしゃるのではないかなと思いますし、私たちはその存在ともエネルギーレベルではつながっているということです。

最近、神智学の考え方を使って、オールレベル・クリアリングという技をつくりました。これも神智学関係の人にバレたら、そんな簡単なものじゃないと言われてしまうかもしれない。そんな攻撃が来たら、「いただきます」ですけど。

易は、恐らくそういうエネルギーレベルにもポータルとして必ずかかわっていると思っています。マスターレベルさえ、存在できる層であれば、陰陽の法則というのはまだ残っていると私は思っています。

私は、今ここ、あなたがすべてという考え方を持っています。

みんな分離しているんですよ。それを個性というのですが、個性を本当に認めていったときに、真の自分、あるいはもっと深い純正エネルギー、モナド体、そこに行くのです。

覚醒法——自我のしっかりした欧米・アトランティス系

悟りとか覚醒とか目覚めとかの中で、やり方は大きく2つあると思っています。

1つは、エゴを壊すことです。欧米系に多いです。エゴはよくないとかいうことを聞きます。だから、エゴを眠らせたりとか、エゴを潰したりとか、苦行系が多いわけです。エゴが崩壊したときに、大いなるものとつながるという発想が、多分欧米なんだと思います。なぜかというと、もともとエゴが強いから。エゴが強くないと、生きられる世界じゃなかったから。

欧米の人たちにはアトランティス系が多いと思っていますが、アトランティス系は自我がしっかりしているエネルギーを感じますね。そしてこれは悪いことではない。

覚醒法──セルフを伸ばす日本・レムリア系

日本人は昔からエゴはないとか、はっきりしないとか言われます。

それはそうです。言語を見ればわかる。言語というのは潜在意識層の文化体系をあらわしているわけだから。主語を省略する言語は、日本と、あとはちょっとくらいしかないんですね。そういう潜在意識のエネルギーパターンなんですよ。日本というのは独特の民族です。

日本とかレムリア関係は、覚醒においては、エゴをなくしていくのではなくて、セルフを伸ばしていくことの方がいいと私は思っています。

でも、欧米から、はっきり言わないとか、自己主張しないとか言われます。

欧米から、私たちは実はあまり争いは得意ではない。もともと調和する文化を持っている人間なんです。ただワンネスだからといって、「すべてお任せ、一つだから」というのは通用しないから、欧米とは逆に、自我（セルフ）を拡大させていく。

もっと自分を出して、戦うのではなくて、人を認める。

人を認めるのは日本人は得意だから。自分も出すけど、人も認めてあげる。

自我を拡大し、世界は私なり、という世界は、実は日本人が一番つくりやすいと思っています。

そして、エゴをなくせば悟りに行くという考えに対しては、こう提案したい。

あなたはエゴを拡大しても、調和という易、調和という考え方があなたの中でしっかり潜在意識層にダウンロードされていれば、セルフを拡大することで世界に貢献できるんです、と。

エゴを持つ自分を認めて調和からスタートする

そもそもエゴは、この世界を生きていくために人類に与えられたツールです。あなたの邪魔をする悪者ではありません。

エゴを、人に勝つためとか、自分を証明するために使えばエゴイスティックになるけれども、エゴを持った自分として「なほひ」だ、調和だというところでこの世界のスタートを切ればいいんです。まさにここですよ。

欧米の、エゴをなくすという人たちと、自分の自我をあまり出すなと言われている私たちの文化は、ある意味、反面同士です。

日本人は調和の中でセルフを拡大していく。西洋人は調和を拡大していく。そうすると、犠牲者も加害者もない。貢献者としての世界が始まる。

だから、もっと自分を認めていいのです。

そのためには、まず自分の中を整える必要がある。これが潜在意識の中で人類のこれからの周波数としてでき上がったとき、地球は変わるんですよ。

依存したがる人を狙うヒーラーたち

スピリチュアリティは絶対必要です。

ただし、スピリチュアルに逃げてほしくないのです。いかにそういう人が多いか。

また、そういうのを狙っている人たちもすごく多いので、困っちゃうんだ。

そういう人に会ったら私は今エネルギーに働きかけて陰陽変換しています。

あとは、「事実としてそういう話はあります」ということをちょっと言うくらいですね。

ただ、情報がないと、そういう依存を助長する人もいるんだということに気がつけない人もいるので、そのまま巻き込まれちゃうから、縁があって相談されたら、事実を話すことにしています。事実を言わないとね。そうしないと、ただの理論の争いみたいになってしまう。選ぶのはあくまでその人だけど、情報は知っておかないとね。

コントロールドラマからの脱却

一番重要なのは、その人が自分の力を取り戻すということです。

一人一人を尊重することがすごく重要だし、特にスピリチュアルをやっているヒーラーさんとかセラピストさんには、その考え方を絶対持ってほしい。

セラピストやヒーラーの中には尊重するんじゃなくて、コントロールしようとして入ってきている人がすごく多いなと感じるんですね。

そのほうが、お客さんはつきますし、繰り返し来るから、商売になる。

ただ、人生１００年としましょう。そういうヒーラーさんは２００年生きるかもしれないけど、２００年の人生の中で、この世界を去るときに、バランスとして本当に自分の魂が満足して去れるのか、私は自分でそういう問いをしているつもりです。

私は、人を尊重するということを根本にしているんですね。

この世界を去るときに、自分は最低だと思いたくない。

だって、そうじゃないですか。この世界を去るときは、自分自身との対話しか残らないわけでしょう。自分自身に問うしかないわけでしょう。

おカネは持っていけないし、友人たちと一緒に去るわけじゃないし、結局最後は自分との対話じゃないですか。そのときに、極端な話、俺は人をおどし、人を陥れ、狭い世界で生涯年収3億くらい稼いだけど、人を攻撃し、人を悲しませ、自分の周りにだけカネをばらまいて喜んでもらう人生だった、それで本当に自分との対話で魂が喜ぶんだろうかと思うんですね。

潜在意識にプロセスをダウンロードするパワーグッズ

2016年の秋に〈なほひはる〉のアイデアが生まれ、実験的にやってきました。関連グッズが欲しいと絶対言われるから、私は本の出版にあたってグッズ連動が欲しかったんですよ。今回おすすめは、手軽に楽しく本書の易経アプリを実践できる「マジカルイーチンカード」です。このカードを使えばごく簡単に、陰陽バランスをとるために必要なシンボルを呼び出すことができます。本書で紹介している「なほひはる」と「なほひふり」で使うシンボルがすべて入っているので、ぜひ遊び感覚で楽しんで使ってみて下さい。

今回はさらに八卦図の入った天然水晶のペンダントも作りました。

なぜペンダントを作るかというと、ペンダントにプロセスがダウンロードされるので、ペンダントをつけていて何かネガティブが起こったときに、「チャンス!」とすぐ思えるわけです。高いエネルギー体でつながっているから。そのためにペンダントもあればいいなと。それこそ、パーソナルパワーグッズです。ワークもやってくれたら、全部連動する。

地球はもっと楽しくなる

調和した存在を生きてもらえれば、世界は変わるでしょう。楽しいゲームでしょう。陰陽はいつまでも続くと思います。陰陽のレベルがずっと高いところに上昇していくということです。

これが、地球が天国になるということです。そうなると、楽しいんじゃないですか。地球時間が未来に向かっていく中で、私は転生して、また地球に生まれてくるんじゃないかなと決めているのです。だって、楽しいから。

スピリチュアルをやっている人は、大体、地球はイヤという人が多いですね。今回が最後でいいと、すごく言います。だから私がこう言うと、みんな驚きます。

「私ね、また地球に生まれてくるんだよね」

「ええっ？」

「だって、楽しいじゃない」

覚醒して、アセンションして、地球体験は今回で終わりでいい、みたいに思っている人が多いです。それはそれでいいけど、でも地球がもっと楽しくなってくるから。

今でも、地球の波動は生きているだけでつらいという人が結構います。

でも、地球に生まれてくることを決めたのは自分の魂だから、「つらいつらい」じゃもったいないから、楽しめる方向にエネルギーを動かすテクニックを活用してみたらという提案を私はしているつもりです。

あなた自身がフラワー・オブ・ライフとなるとき

自分が強くなって、本来の自分の力を取り戻して、個性きわまっていって、喜びで生きたとき、フラワー・オブ・ライフなんですよ。

一人一人が輝いてつながって、大きい調和が世界に生まれる。これがフラワー・オブ・ライフだと思っています。

フラワー・オブ・ライフの中には八卦が隠されているわけだから、おもしろいでしょう。

あなたは世界の全てなんです。

人生は、いろんな学びごとを使って成長していくゲームだと私は思っているのですが、そのゲームを喜びながらやりましょう。

陰陽を統合していけばいくほど、自分の中から簡単に世界のからくりがわかってくるんです。難しくないですよ。１日５時間瞑想しろとか、そうじゃないから。

あるいは、グルの言うことを聞けとか、菜食主義に変われとか、そんなことではないから、簡単です。

第3章

なほひはるが世界に調和をもたらす

実践編

特別な能力やマシーンを使わなくても、
易のシンボルとこの仕組みを知ってしまえば、誰にでもできます。
これ、ヤバイですよ。だって、何時間も瞑想しなくていいんですよ。
易は世界の知恵です。自分に許可したら、使えばいいのです。

空間には情報がある

〈なほひはる〉は、自分が調和した存在としてこの世界を生きるテクニックです。容易のエネルギーを使って自分を調和させて、世界を生きていく、世界に第一歩を踏み出すということです。

簡単に言うと、八卦のエネルギー、乾《けん》・兌《だ》・離《り》・震《しん》・巽《そん》・坎《かん》・艮《ごん》・坤《こん》を順番に自分の中に全部入れ込んでいきます。

その方法として、八卦をぐるりと描いた魔法陣を作ります。

空間には情報があります。

だから、その空間に実際に行くことで、間違いなく体は反応するのです。

例えば壁に「ばかやろう」と書いた紙のポジションに行くより、「ありがとう」のポジションに行って、実際に踏んでみたら、体は間違いなく反応するはずです。

空間は体と密接な関係があります。そこには情報が入っています。

これがパワースポットの原理です。

純粋なエネルギーに情報が加わってこの世界にあらわれてきます。

パワースポットというのは、ポジティブなエネルギーが多く書き込まれている場所です。八卦魔方陣を実際に歩いて、エネルギーを確認していくというのは、まさにパワースポットめぐりです。パワースポットめぐりの一番大もとを家の中でやっているということになるんですね。

八卦魔法陣を移動しながらエネルギーを同調させる方法を儀式的に何回もやっていくことで、八卦図のイメージができ上がってきます。体は習慣として覚える。

覚えれば、真ん中の太極図の上に立って、空間に描いたシンボルからエネルギーをとっていくことで、体は、「あっ、ここのエネルギーだな」と認識してくれる。

イメージがあるから、宙に手で描いただけでシンボルのエネルギーが全身に浮かび上がってくるわけです。練習すればアンカリングされるから。

孫悟空が「俺は八卦のエネルギーを使えるぞ。乾！」とか言ってる感じ。そんなイメージで楽しんでください。

〈なほひはる〉のやり方

《準備》八卦魔法陣を作る

　自分でコピー用紙などに八卦のシンボルを描いて八卦魔法陣を作ります。

　このとき、罫線が入ったものや裏紙は避け、真っ白い紙を用意します。

乾《けん》・兌《だ》・離《り》・震《しん》・巽《そん》・坎《かん》・艮《ごん》・坤《こん》、これが八卦です。真ん中用に太極図、合計9枚作ります。69Pを参考に手書きで描いて、この順番に並べてください（イラスト参照）。

　このとき、乾《けん》・兌《だ》・離《り》・震《しん》と進んだら、対角線の向こう側へ移動し、巽《そん》・坎《かん》・艮《ごん》・坤《こん》と続けます。

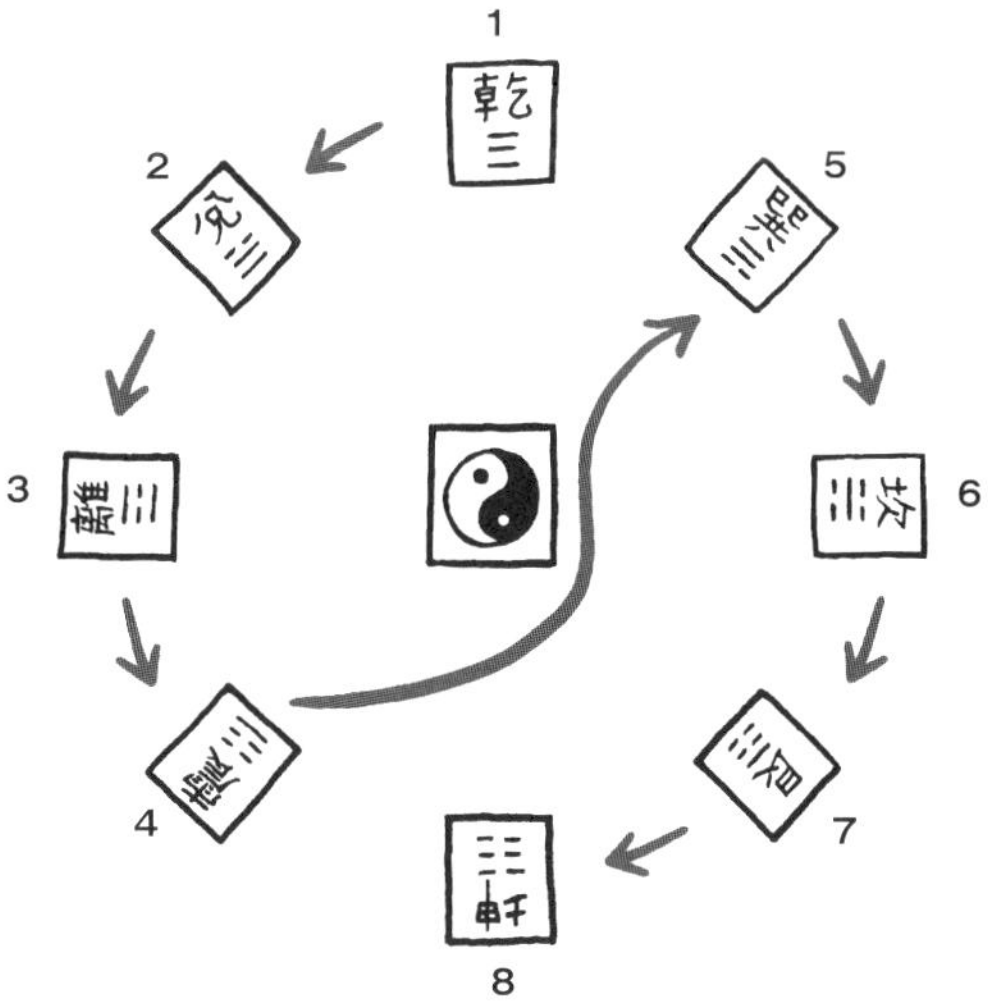

方位はきっちり合わせなくていいです。これで準備は整いました。

読者の方が自分の家でやるときは、こんな感じでやってください。

自分でこのように魔法陣を作ってやってもらう形になります。

手間なくやっていただけるように、今回八卦魔方陣で使うシンボルもすべて入ったオリジナルグッズ「マジカルイーチンカード」を作りましたから、そちらを活用してもらうのもいいですね。

しつこいようですけれども、これはもしかしたら世界を揺るがすかもしれない。

占いを新しい視点で解釈するということで、占いのボックスの中に入るのではなく、占いの外に出るやり方です。

占いの世界にはまってしまったら、占い以上の世界は生きられない。占いを超えなさい、ということです。

今回、2つのやり方をご紹介します。

「儀式バージョン」と「応用バージョン」です。

「なほひはる」を最初にするときは、必ず一回以上は儀式バージョンをやってください。

〈なほひはる　儀式バージョン〉

①真ん中に立って合掌する。合掌は、陰と陽のバランスの統合をあらわします。

②「この瞬間、私において、全宇宙、大調和なり」と3回アファメーションを声に出して言います。暗示でなくて、宣言です。

③実際に各シンボルの上に立って、場に入ってエネルギーを感じていきます。

では一番に「乾《けん》」に入っていきます。

乾《けん》のエネルギーを十分に味わうように、こ

こでちょっと時間をとります。儀式のときはできるだけ体で感じるようにします。シンボルのエネルギーを目いっぱい感じる。

「エネルギーがすごく上がってくるな」とか、「強いエネルギーだな」とか「本当に引っ張られる感じがするな」とか、なんでもいい。

感じ方は人によって違います。

外側に正解はありません。感じたままが正解です。

次は左に移ります。兌《だ》です。

「あっ、これは流れる感じだな」とか、「体が流れている感じだな」とか、なるべく体感をとる。そんな気になって、兌のエネルギーが全身に入ってきて、どんな感じがするかイ

メージしてみる。「さわやかな感じだな。全部いただこう」、全部いただけばいい。

全然わからないでもいいです。でも、わかった気になることが重要です。


次は離《り》。

「おおっ！」、感じ方は違いますよ。でも、体で感じることが重要。

あるいはイメージでもいいです。五感で感じることが重要です。

「うわっ、暖かい」みたいな感じ。温度もあるし、暖かい感じ。「うわっ、熱い」。燃えるみたいな感じですね。


次は震《しん》に行きます。ここでエネルギーを感じる。

そのエネルギーを、自分において調和するわけだから、目いっぱい感じ切る。

「これは龍やな」と、楽しんでほしい。


できれば数分感じるといいですね。

要するに全てのエネルギーを味わっていくことがとても重要なのです。

これで体とのつながりができていく。体とつながるということは潜在意識とつながってくることなので、この儀式をすることで、後でエネルギーをとっていくやり方をやる際に、エネルギーが非常に入りやすくなるということです。

要するにこれは潜在意識と空間とシンボルのエネルギーをつなげる儀式です。

だからとにかく、感じることです。あるいは、こんな感じだなと想像してみる。

何か聞こえるような感じがする人もいるかもしれない。

「ほらほら、何か聞こえる感じがする」とか、五感で感じていくことがとても重要です。しつこいようですが、感じることでつながりが

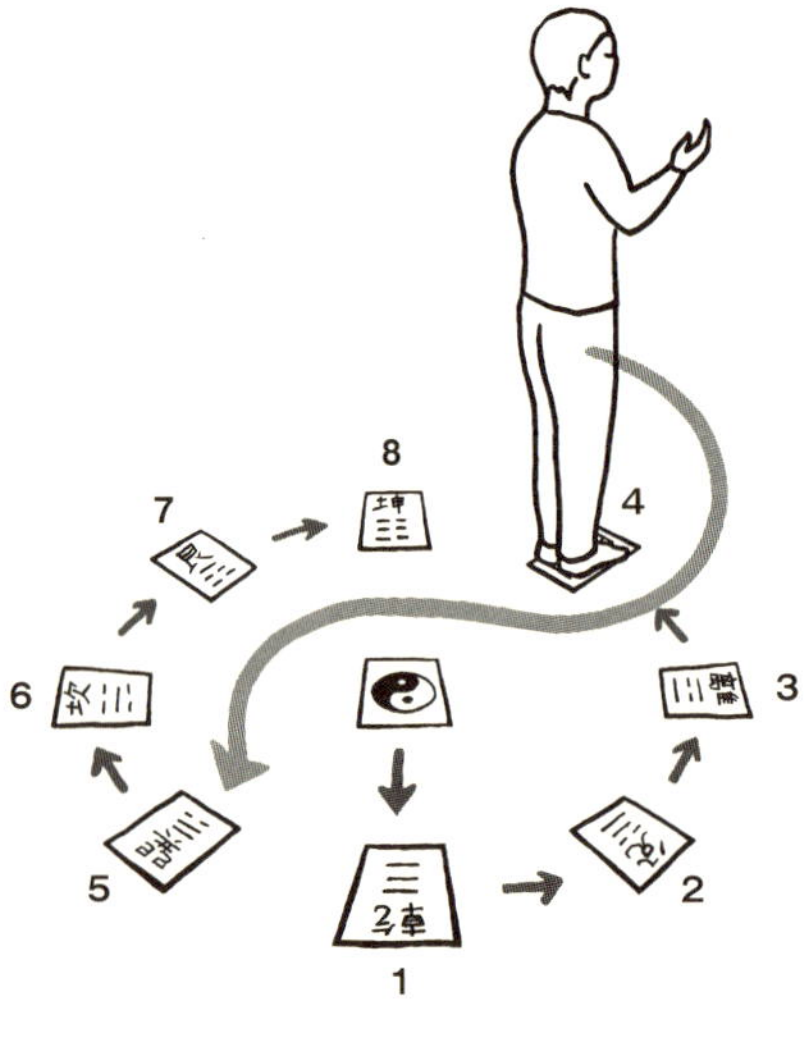

できる。潜在意識、体、空間、シンボル、このラインがつながるということです。

乾、兌、離、震と4つ行ったら、次は対角線の向こう側の巽《そん》になります。

「うわー、さわやかな風が体を吹いていく。気持ちいい」なんて感じていくわけです。できるだけ感じていく。

ワークショップのときはこんな感じでつくってもらってやるので、結構スペースをとります。ものすごいエネルギーを動かすからダイナミックです。しかも、私のワークショップのやり方は、グループエネルギーを最大限に活用していくので、ぐーっと上がっていきます。

次は坎《かん》。

「あーっ、滝行か」「さわやかな水、強くてやわらかい」「おー、来た来た。滝行はこれか。これでクリア」みたいな、そんなエネルギーを感じる。これは人によって違います。

その人の感じることはすべて正しいです。

その感じ方はおかしいということは一切ありません。

例えば、坎は水だと感じる人もいるだろうし、ただの流れと感じる人もいるだろうし、あるいは、落ちてくる滝みたいに感じる人もいるだろうし、感じている人がそれぞれ正しいのです。「それは違うよね」と批判が入ると、感じられなくなります。

あくまでこれは自分と自分の潜在意識と八卦のシンボルとをつなげる儀式なので、何でもいいから感じてみることが大切です。判断はなしです。

その次、艮《ごん》に行きます。

「動かざること山のごとし。山だ。ウーン。フッ」、感じ切っていきます。

動いてもいいです。動かないで、「ああ、山が見える。ああ、天使みたいなのが山の上で旗振っている」、何でもいいです。その人が感じることが重要です。

次は坤《こん》に入ります。

儀式は何回も練習していくといいのですが、私は敏感なので、ぐっと感じます。グラウンディングです。今、エネルギーがグーッと入ってきたのがわかります。私はね。ほかの人は、「スーッと入っていますよ」とか、「上に行ったら殺される」みたいな、そんな感じかもしれない。しつこいようですが、何でもいいです。

自分自身の感覚を100%信頼してあげることがとても重要な儀式なのです。

こうして、すべての世界の事象をあらわすと言われている易の八卦を全部調和させて、中央に戻ります。

④太極図に戻ってきて手を合わせて、「私において、全宇宙、大調和なり、ありがとうございます」と言います。

そして、大調和の存在でアクションが始まるわけですよ。

自分が調和している存在としてアクションを起こすのか、どこかが欠けている不調和の

存在としてこの世界に波を起こすのか。アクションすれば波が起こるわけですから。どっちが貢献者ですかという話です。Be、Do、Haveです。

このように儀式的にやるのをしばらく続けてみてもいいです。

何回も続けていくと、つながりが太くなってくる。そうすると、エネルギーをとるときに太いパイプになるから、ズーンと入ってくるのです。

体験デモ～八卦のエネルギーを体感する

光一　以上のことをやってもらいますが、その前に、やる前の状況を確認します。「私において、全宇宙、大調和しています」と言ってください。

――私において、全宇宙、大調和しています。

光一　（筋肉反射をとる）大調和、してないですね。でも大丈夫です。

では、真ん中に入って「なほひはる」スタートです。

合掌。「私において、全宇宙、大調和なり」

――私において、全宇宙、大調和なり。

光一「私において、全宇宙、大調和なり」

――私において、全宇宙、大調和なり。

光一「私において、全宇宙、大調和なり」

――私において、全宇宙、大調和なり。

光一　このアファメーションは確信を持って言います。

アファメーションというのは、確信を持った宣言のことをいうのですね。

何の疑いもなく、それはそうなんだという宣言です。


乾《けん》に行きます。ここに入って、ここのエネルギーを感じてください。

五感を使って、体の感覚はどういう感じがするのか、楽しんでください。

ちなみに、エネルギーをいじるのに一番効果的なやり方は楽しむことですから。

体の感じを味わってください。もしかしたら、何かイメージが見えるかもしれないし、何か聞こえる感じがするかもしれません。

今、八卦の乾のエネルギーと体とあなたの潜在意識をつないでいます。

楽しみながら感じてくださいね。好奇心を持って楽しむ感じでやると、エネルギーはすごくわかりやすくなるし、動きやすいです。

――山がすごく高くて、空をバーッと見上げている、そんな感じの絵が入ってきます。

光一 いいですね。捉えていますね。感じていることは全て正しいのです。

なぜ？　世界はあなただからです。

――十分楽しんだら、左のポジションに行きます。

兌《だ》です。感じてください。楽しいですよね。これは楽しいワークなんです。

光一 うわーっ、ぞくぞくした。

――体の感覚、何か感じている、こんな感じがする、あるいはイメージが湧く。

暗い、土みたいな、岩みたいな……。

光一 それがあなたにとっての兌のエネルギーです。兌のエネルギーとあなたと宇宙をつないでいます。楽しみ、味わうことがコツです。

離《り》に行きます。離のエネルギーです。

シンボルは、直線があって、真ん中が割れていて、また直線です。感じてください。

――　３秒後くらいにゾクゾクします。

光一　楽しいですね。楽しんでください。これはすごいことをやっているんですよ。世界を動かすシンボルとつながっているのです。

――　オレンジ色が見える。明るい感じ。

光一　楽しんでください。記憶する必要はありませんので。

次に、また左に行ってください。震《しん》です。

シンボルは、下から直線と、割れているのが２つ。要するに陽・陰・陰というシンボル、震です。

感じていますね。

――　感じています。すごくゾクゾクします。背中がゾクゾクする。

光一　味わってください。楽しんでください。

私は今、エネルギーサポートしていますけれども、集団でやるときも、全体の場のエネルギーを使ってエネルギーサポートしていきます。

ですから、「エーッ、わかんない」という人でも、これは確実に効果があります。

すごいことですよ。

――滝が出てくる。サーッ。

光一　感じることに不正解はありませんので、例えば終わった後、「私はこう感じたわ」とか人によっていろいろですが、全部正解です。

「易のシンボルはそういう意味じゃない」と言う人がいても、それは関係ありません。世界は、あなたからしか認識できないから。あなたが認識するのが正解なんですよ。

――すごいな。ゾクゾクする。

光一　もちろん、易の法則はありますけれども、それはそれで、本でも見て判断していけばいい。

でも、一番は自分の感覚が重要。

そうすることで、易占いをやる人もリーディング能力が上がります。

なぜなら、そのときのシンボルの意味をつかむことが可能になってくるからです。

次は、回れ右をしていただいて、巽《そん》に入っていきます。

巽のエネルギーを感じます。

楽しみながら十分に味わってみてください。

空間に情報を書き込んで、体をそこに入れたとき、潜在意識と体はつながっていますので、体は必ずそのエネルギーを感知していきます。

感知したのをどういう形で自分のマインド、顕在意識に持ってくるかというのが感じ方です。

ですから、感じ方自体にいい悪いはありません。

重要なことは、八卦のエネルギーと潜在意識とあなたが線をつないだということです。

それがこの儀式です。

やっている人は、多分全然エネルギーが違うから、それはそれで楽しいと思います。

楽しいですよね。

――楽しい。火の鳥みたいな感じがする。

光一　次、坎《かん》です。ご自身でわかると思いますが、間違いなく感じています。私はエネルギーでサポートしているので、あっ、つながっているなというのはわかります。
十分感じたな、楽しいなというところで、次にどうぞ。

今度は右に行きます。艮《ごん》です。

感じていますね。自分で十分できますが、ワークショップとか、あるいは私がサポートすると、確実につなげることができます。

リーディング能力を持っていると便利ですね。

――波が岩にドーン。楽しいです。すごいイメージが出るんだ。


光一 最後に、坤《こん》。

この場所自体がエネルギーを発しています。だから、魔法陣というのです。グッズで販売する予定のものは、麻を使って、それ自体、パワフルな魔法陣にするので、すごいですよ。

坤のエネルギーを十分楽しんだら、回れ右です。

真ん中の太極図に戻ってください。

この儀式は何回やってもいいです。

当然、やるごとに感じ方が変わってきたりします。それはその瞬間がすべてだからです。戻ったら、合掌。そして言ってください。

「私において、全宇宙、大調和なり、ありがとうございます」。

――私において、全宇宙、大調和なり、ありがとうございます。

光一　潜在意識に聞いてみましょう。筋肉反射です。はい、リングを作って。

――（親指と人差し指の輪が引っ張っても外れない）すごい！　頑張らなくてもとれない。

光一　はい、私は大調和しているわと、潜在意識はＯＮになりました。

ということは、今から起こすアクションは、調和からのアクションです。

Be、Do、Have です。すごいでしょう。

この技術は世界でここからスタートします。

「なほひはる」応用バージョン～空中にシンボルを描く

今ご紹介したのは、「なほひはる」のテクニックを儀式的にやる方法です。

これを何回もやっていくと八卦エネルギーとのつながりができます。

何度やってもいいです。

つながりができた人におすすめの方法が、空中にシンボルを描いてエネルギーを呼び出す応用バージョンです。


〈応用バージョン〉

儀式バージョンと準備は同じです。

①中央で合掌する。
②「この瞬間、私において、全宇宙、大調和なり」と3回アファメーションを声に出して言う。
この後は、中央の太極図に立ったまま、すべての動作を行っていきます。
③取り込む卦の方向を向いて、はっきりと声に出して卦のエネルギーを呼び出す。
例「乾《けん》！」
④このシンボルを空中に下から描きます。

例えば乾《けん》なら下から、直線３本。

⑤呼び出したエネルギーを全部自分に持ってきます。

このとき、左手、右手、左手と交互に３回、エネルギーを下からすくって自分に入れるようにもってくる動作をする。

⑥乾《けん》・兌《だ》・離《り》・震《しん》ときたら、回れ右をして巽の方を向き引き続き行う。巽《そん》・坎《かん》・艮《ごん》・坤《こん》が終わったら、回れ右をして再び乾の方を向く。

⑦①〜④を（正式には）８回繰り返す

⑧太極図に戻ってきて手を合わせて、「私において、全宇宙、大調和なり、ありがとうございます」と言う。

六十四卦をエネルギーでまるごといただく

応用バージョンは、空間からエネルギーを持ってくる方法です。

「えっ、そんな気功みたいなことは、私はできない」という思い込みは捨ててください。儀式をやって、もう自分の中にアンカリングされているからこれをやっているのです。

これを8回やります。8×8で64。六十四卦のすべてのエネルギー、世界を構成しているエネルギーをまるごといただくということになります。

儀式では歩いてつなぎをつくりました。あれを8回やってもいいのですが、あれは門戸開きみたいなものだから。

この応用バージョンで本格的にやるなら正式には、8回繰り返します。

もちろん、8回でなくてもいいです。

1回でもいいです。朝忙しいというときなどには、簡単でいいですから。

これを楽しんでやっていると、どんどんエネルギーのパイプが太くなってくるから、そしたら、時間がないときでも、簡単でしょう。

「乾、クワーッ、ロケット、ポン」とやる、私はね。「兌、イエス！」。楽しみながらやればいいのです。

人によって違いますから、どうぞご自身のペースでやりたいようにやってみてください。

儀式をした後は、もうつながっているので。

ただし、毎回最初に言うアファメーションはすごく重要です。

何のためにこのテクニックを使うかというのを全宇宙に宣言するわけですから。

「この瞬間、私において、全宇宙、大調和なり」とアファメーションをかけていきます。

その後、直線3本、これは「乾《けん》」というシンボルですけれども、(手で宙に)描いて、それを自分の体に持ってくる。つまり、「乾」を描くことで、宇宙のポータルをあけて、そこにある宇宙根本のエネルギーを自分に引っ張ってくるのです。

次は「兌《だ》」。シンボルを構成している線は、

下から描いていきます。
「兌」と言って下から直線、直線、ポンポン半分に割れた線を描いて、左手、右手、左手と3回持ってくる。

でも、ちょっと時間をかけて、エネルギーを感じながらやってほしいので、「兌」と言って、「兌ってこんなエネルギーだな。今日はこんな感じ。ああ、いいな」と楽しんでください。このときは、気持ちいいとか、いいなといった感覚を味わいながら、エネルギーを持ってきてほしいんです。そうすれば、エネルギーが回りやすいから。

次に、「離《り》」と描いて持ってくる。
「震《しん》」と描いて持ってくる。

左・右・左で、
卦の気を取り込む。

今度は、太極でらせん状に動いていくので、反対側を向いて、「巽《そん》」を描いて持ってくる。

続いて「坎《かん》」、「艮《ごん》」、「坤《こん》」と全部入れて、大調和です。

このように応用バージョンでは、太極図の上にいながら、「乾・兌・離・震・巽・坎・艮・坤」と、その方向を向きながらエネルギーを左、右、左ととっていきます。

ここで「左、右、左でなければダメですか」と質問が出ると思います。

右、左、右でもいいけれども、基本、左、右、左と、私のインスピレーションではそういうふうにきたので、そうやってください。

私は速くやっていますが、ゆっくりやると感じやすい。

ゆっくりやると、空中に、例えば「坤」とシンボルを描くと、そこにシンボルのエネルギーが発生するわけですから、それをもらうことができるわけです。

数字のマジックを活用する

一連の動作を8回やるということは、一つの卦のエネルギーを3×8で24回とっていることになります。

なぜその数字なのか。24という数字はマジック・ナンバーと言われています。易にはいろんな数字のマジックが隠されているので、その数字の力も活用しています。8回やると、これでフルセット。八卦の8回、64、いろんなマジカルな数字が組み合わさるように動きを連動させているのです。その辺が、ちょっとロジカルでもあり、一方で、何でそうつなげるかというのは、インスピレーションから来ているのです。

基本的に、私はインスピレーションを絡めてこれを作っているので。

世界はらせんから始まっている

なぜ震から対角線の向こう側の巽に行くのか。

線でつなげると、らせん状になります。まさに陰陽の図です。

陰陽は、太極からスタートして、らせん状に動いて戻ってきます。

この世界の創成をもたらしたのはらせんです。ＤＮＡもらせん状になっているでしょう。

すべてはらせんから始まっています。８回やると言いましたね。１回、２回、３回と、回を重ねるたびに少しずつ上昇して、エネルギーの大きさも拡大していく。らせんを描きながら動いて成長していくのです。そして一つの束である８回を終えたときにグーンと大きく伸び上がるのです。

八卦図における、先天図と後天図

八卦図には先天図と後天図がありますが、今回紹介しているテクニックでは先天図が使われています。

なぜかというと、先天図は成長のモデルだから。後天図は収束のモデルです。

ここで紹介している技術は、自分が調和する存在として、この世界の生成・成長に貢献していくためのものだから、先天図を使います。

ちなみにこれとは逆に、私のもとに全部集まって一緒に死んでいくぞ、暗闇に行くぞという類の技術だったら、使うのは後天図です。収束だから。
あるいは、私はほかの本でディセンションという言い方もしています。
上昇と下降。下降はディセンションです。
実は、いい悪いはないのです。どっちを選ぶかということだけです。
今回は、自分が調和する存在として、この世界に調和・貢献しますよというテクニックなので、易の成長をあらわす先天図のエネルギーを使って調和させて、自分の動きがすなわち成長・貢献になってくるというストーリーです。

——全ての宇宙、私において、大調和（空中に右手で下から「乾」のシンボルを描いて、発声して、手を回して引き寄せる）。乾《けん》。

光一　何か感じますか。楽しいでしょう。

——ゾクゾクしてます。

光一　今度のシンボルは、下から真っすぐ、真っすぐ（直線×2）、チョンチョン（二分された線）。兌《だ》と言います。

――兌。（空中に右手で下から描いて、発声して、手を回して引き寄せる）

光一　来ますね。自分でつくったけど、これはすごいテクニックだ。感じるでしょう。

――ヤバイです。

光一　自分の中で八卦のエネルギーを宣言しているから、持ってくることと調和がとれている。すごいね。

――離《り》。（空中に右手で下から描いて、発声して、手を回して引き寄せる）

光一　すごいね。それだけみんなすごいんですよ。

震。真っすぐ、チョンチョン、チョンチョン。

――震《しん》。（空中に右手で下から描いて、発声して、手を回して引き寄せる）

光一　来る、来る。これ、魔術でしょう。

――巽《そん》。（空中に右手で下から描いて、発声して、手を回して引き寄せる）

光一　観察していくことはリーディング能力につながってくるのですが、観察しているだけで体が動いてくるので、エネルギーを調整してくれているのがわかるのです。

こういう練習をしていくと「今、エネルギーが入ったな」とわかるようになってきます。

――坎《かん》。（空中に右手で下から描いて、発声して、手を回して引き寄せる）

光一　楽しいでしょう。

――楽しい。

光一　こんなに簡単にエネルギーを使えるようになっていいんですか、いいんです。艮《ごん》。（空間に右手で下から書いて、発声して、手を回して引き寄せる）

光一　これは一人でやる分には恥ずかしくないと思いますが、しっかり声に出すのもすごく重要です。のどのチャクラを指令に使っているのです。

つまり、これが真言密教における三密《さんみつ》です。マントラを動かします。調和をとる三密とは、「身《しん》・口《く》・意《い》」です。

体を使って五感で感じていく。宇宙根源エネルギーと肉体をつなげていく。

「身・口・意」の身です。

「全ての宇宙、私において、大調和」を3回言いますね。確信です。当たり前だという感じです。これが「身・口・意」の口です。

「身・口・意」の意は、宣言によってあらわされます。

こんな簡単にやってしまっていいのか。真言密教と書いたら真言密教の人に怒られるかもしれないから、書かないほうがいいかもしれない。

――坤《こん》。（空中に右手で下から描いて、発声して、手を回して引き寄せる）

光一　これで1回ですね。これを8回やって、フルセットになります。

「私において、全宇宙、大調和しています」。言ってください。

――私において、全宇宙、大調和しています。筋肉反射テストをしてみると、（親指と人差し指の輪が外れない）

すごい。頑張ってないのに、全然とれない。

脳波と意識状態

昔、アルファ波フィードバックというのがあって、アルファ波になればリラックスするというので、アルファ波を引き出す練習をして、当時は脳波計というのをつけて、音でやっていたんですね。今でも売っています。

そういう機械を使わなくても、このシンボルとか仕組みを知ってしまえば、できます。これ、ヤバイですよ。だって、何時間も瞑想しなくていいんですよ。易は世界の知恵です。自分に許可したら、使えばいいのです。時間もある意味幻想だから、本当にその瞬間にいたとき、全てが可能になります。意識が深いレベルまで、微細なレベルまでつながっているとき、意識は瞬時にターゲットとする情報まで行けますからね。

私の場合、別に「はい、瞑想します」といったことはしません。

ただ、はかってもらったことはないけど、深いレベルのリーディングのとき、目をあけながらでもできますが、もしかしたら脳波がシータ波優勢とかになっているかもしれない。でも、脳波がどう変わるかは、私にとってはあまり関係ないんですよ。

脳波がシータ波になるか、それは研究者にとっては重要かもしれないけど、私にとっては、ターゲットとする情報にどれだけ的確にアクセスできるかどうかだけが問題ですから。結果として脳波がこうなったとかいうのはあるかもしれないけれども、私はあまり興味ない。

リーディング能力を上げたいので教えてくださいという人も、別に脳波を変えたいわけではないと思うのです。脳波を変えるのはそんなに難しくなくて、生理学的に眼球をどんどん上昇させていけば、アルファ波はシータ波に変わっていきますからね。

だから、逆もまた真で、深い瞑想状態に入っている人は間違いなく眼球は上に行っているんですよ。ということは、上に行くように眼球を、イメージ瞑想でも持っていくことで、脳波はアルファからシータに上がっていくということです。

イメージで持っていくのは簡単ですよ。

例えば、軽く目をつむって、ずっと上のほうに行くイメージをして、「自分の体を抜けて、地球の上に上がっていきます」と言っただけで上がっていくでしょう。リラックスしてくるでしょう。こんな感じです。

それを、言葉とか、いろんなところにプログラムとして連動させると、簡単に深い瞑想状態に入れるようになっていきます。

〈なほひはる〉で、一つ一つの八卦のエネルギーを五感を敏感にさせて感じ切っていく。脳波も体のエネルギーもすべて宇宙根源の調和に同調し、ずれている部分が調律しなおされていくプロセスです。

同時に、あなたの意識の在り方が深くリラックスして、大いなる宇宙と一体となる脳波域にまで変化するのを促していくプロセスということです。

この世界は、あなたなのですから、あなたがあなたの世界の創造主です。

あなたが積極的に今この瞬間を、五感と肉体のすべてを使ってデザインしてクリエイトしていく。それが、〈なほひはる〉を行う本当の意味です。

第4章

セルフデザイン応用編
易となほひのコラボテク

自分がその問題の中に入り込んでいるとき、
自分が被害者になって聞く質問をしがちですが、
理由を探すのではありません。
「解決するエネルギー」と言って、言葉の下の世界を呼び出す。
それがセルフデザインのための、問いです。

調和に導くエネルギーを呼び出す

これまで私たちは、バランスをとるために、何かをやれば、調和になれると教え込まれてきた。しかし、これは逆です。

通常、易を占いで使うときには、「これはどうなりますか」と聞きます。

そして、卦を立てて、その状態を六十四卦、そのうちの一つの状態の切り取りとして出すわけです。それをリーディングしていく。

でも今回は、リーディングではなくて、調和をあらわすためのエネルギーとして呼び出していきます。

大調和している存在だけれども、一つの問いを立てます。

問いを立てると、それは調和の中から一つ切り取ってくるわけだから、Doing に対するアドバイスととればいいのです。

あるいは、一つの部分をもっと強化していきたい。

というのは、調和しているかといって何も起こらないわけではないから、何かの衝動によって動きだすということは、どこかでバランスが崩れたりするわけです。そうすると、それがワクワクする行動になってくるのです。

例えば、「もっとおカネが欲しいな」と思う部分が自分の中にあったとします。「なほひはる」をやって、Beingは大調和しているんだけれども、でもお金はもっと欲しいな、と。

そこで「お金が欲しい」という自分の中の動きにフォーカスを当ててみると、ある面、バランスを崩すわけです。

「そのためにはどうしたらよろしいのでしょうか、生き神様」と言ったら、「おまえは自己を否定し過ぎだ」とか出てくるから、そこのパートの平均をとっていく。

こんな感じで、大調和から出ます。こっちへ行きます。ちょっと崩れます。

あるいはあっちへ行きたい。ちょっと崩れます。それもまた調和していく。

これが陰陽統合シフトで、まさにらせんの動きに似ていませんか。

陰陽統合して上に上がっていくのです。これが成長モデルです。

易という調和は、生成・成長のモデルです。

でも、この世界においてすべては陰陽だから、一方で収束していく。これを後天図といいます。命が収束していく。

「なほひはる」を使ってもいいですし、別の方法でもかまいませんが、あなたのBeを調和がとれている状態に整えていれば、大調和から動くから、そんなに極端な不調和の世界には行きません。

でも、Doingの中で動いたときに、またちょっとバランスが崩れやすくなる。

体験デモ～もっとお金が欲しい編

光一　もっとおカネが欲しいですか。

――欲しいです。

光一　先ほど、〈なほひはる〉の儀式をしましたから、Beingでは調和をしていますね。

では、言ってください。「私において、すべての宇宙は大調和しています」。

――私において、すべての宇宙は大調和しています。（筋肉反射テストをすると、輪が外れない）

光一　「私は十分なおカネを持っています」。

――私は十分なおカネを持っています。（輪が外れる）

あははっ（笑）。

光一　持ってないじゃないですか。

こういうことなんですよ。大調和なんだけど、どこかのテーマに行ったとき、バランスがとれてないということになる。Beingで大調和しているのと、必要なおカネを持っているというのは、ちょっと違ったエネルギーでもあるわけです。

多元宇宙と言われているのには、そういうこともあるのです。「すべての状態において、すべての宇宙において」と言っているのは、そこにあって、自分が調和がとれていれば、ある一点をそこに巻き込まないということです。

例えば、おカネ持ってないわ、でも潜在意識で私は調和していると言っても、こうなる（輪が外れる）でしょう。

もっと持ちたい？

―― 持ちたい。

光一 （くっと一瞬何かする）
はい、では言ってください。
「私は、十分なおカネを持っています」。

―― 私は、十分なおカネを持っています。
（輪が外れない）

光一 ほら、持ってるじゃないですか。

―― あれ？　いつの間に。

光一 戻しておきましょう。「私は、十分なおカネを持っています」。

――私は、十分なおカネを持っています。

（輪が外れる）

えっ？　今、何をやったんですか。

光一　潜在意識にとって、本来、時間はないのです。時間はマインド、顕在意識がつくり出しているというか、参考にしているのです。

それがなかったら、ただのヘンな人になってしまう。「だって私、時間がないんだもん」とか言って遅刻してきたりする。そんなのは通用しませんからね。社会生活のためには左脳が必要だし、マインドが必要です。

潜在意識において、今さっきまでは十分おカネを持ってないという状態だった。これは調和と違う。でも、今、その「十分おカネを持っている」状態をつくって差し上げたんで

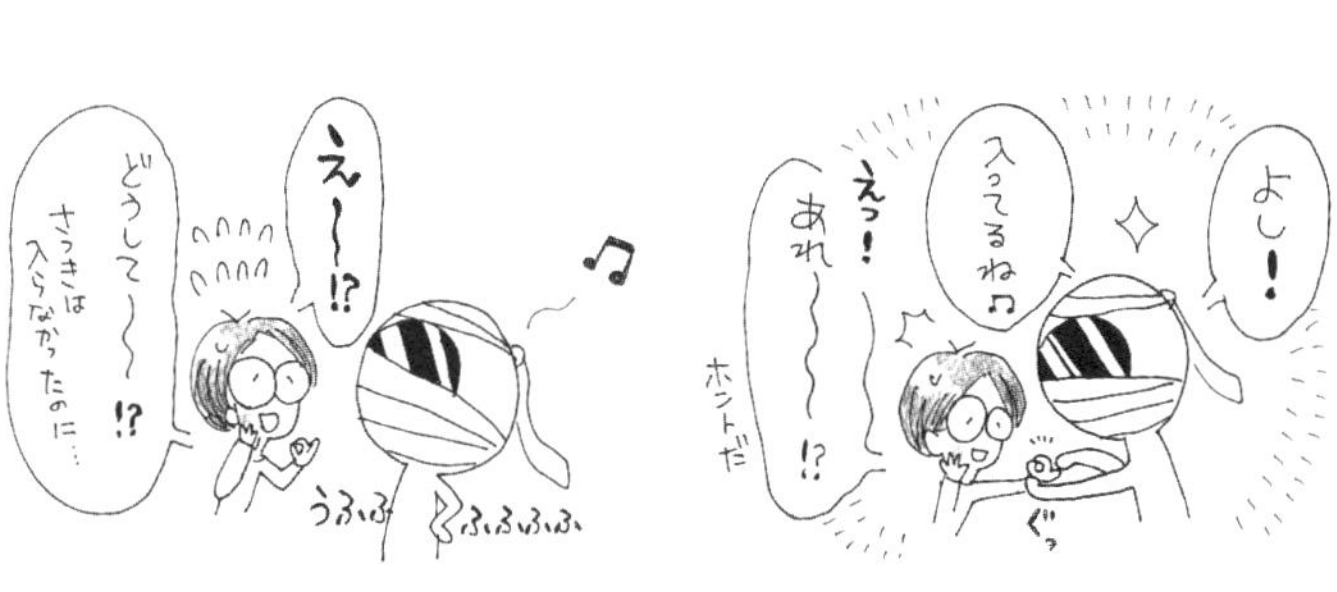

すよ。

　また、たくさんおカネを持っている状態になりたいですか。

――　なりたいですね。

光一　オーケー。はい、どうぞ。「私は今、十分なおカネを持っています」。

――　私は今、十分なおカネを持っています。（輪が外れない）すごい。

光一　これが私のセッションです。

――　今のは、リーディングで光一さんが見て、調和を生むエネルギーに瞬時に調整してくれた。これを自分でやること

もできるんですね。

光一　できます。やるときは、「十分なお金を持つために必要なエネルギー」と言って、「八卦サイコロ」を転がして必要なエネルギーを呼び出します。

そのシンボルのエネルギーが必要ですが、それを〈なほひふり〉でやる。

だから、「私はお金持ちになれますか」なんて易者さんのところに聞きに行くぐらいだったら、これを自分でやって下さい。そっちのほうが有効です。

自分で自分をデザインしていくテクニック

〈なほひふり〉は、潜在意識にあるエネルギーパターンを見つけ、それを望む形に書き換えていくテクニックです。今回

はそこに易のエネルギーを直接使って、潜在意識に変容を起こしていく画期的なやり方をご紹介します。

まずは、この現実を作り上げている裏には、どんな思い込みや信念、パターンがONになっているのかを特定していきます。

その際、潜在意識に確認をとるために、筋肉反射テストを行ってください。なほひふりでは、筋肉反射テストは絶対必要というわけではありませんが、顕在意識が体を通して潜在意識とコミュニケーションをとり、変化したことを確認することは、そのプロセスを受け入れていく上でとても大切なステップになります。ぜひともコツをつかんで、実践されることをお勧めします。

それではまずセルフでできる筋肉反射のとり方をご説明しましょう。

セルフ筋肉反射の3つの方法

自分で筋肉反射をとる方法の中から、代表的な3つの方法をご紹介します。

セルフでやる際は、左右の手の力加減や潜在意識からのサインを感知する体感覚などが

〔左手〕　〔右手〕

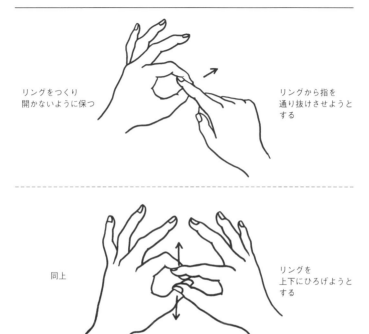

リングをつくり
開かないように保つ

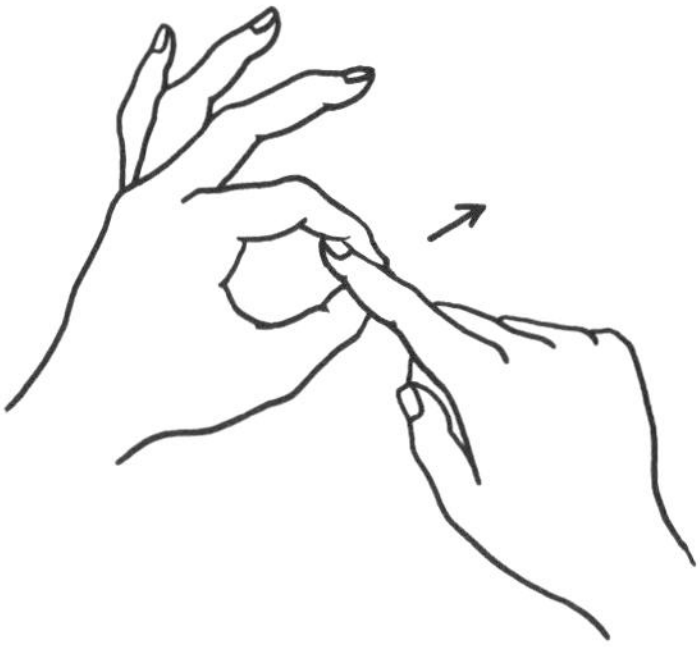

リングから指を
通り抜けさせようと
する

同上

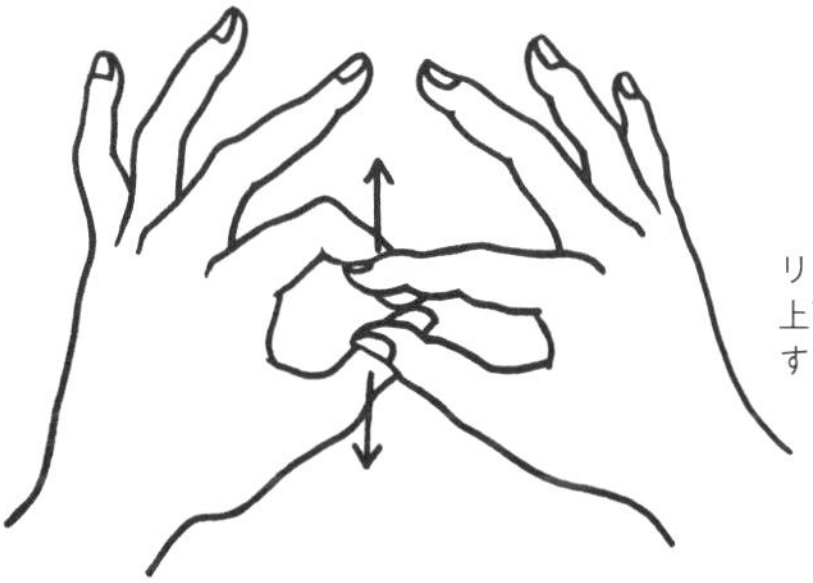

リングを
上下にひろげようと
する

C《シー》のマークをつくり
くっつかないように
保つ

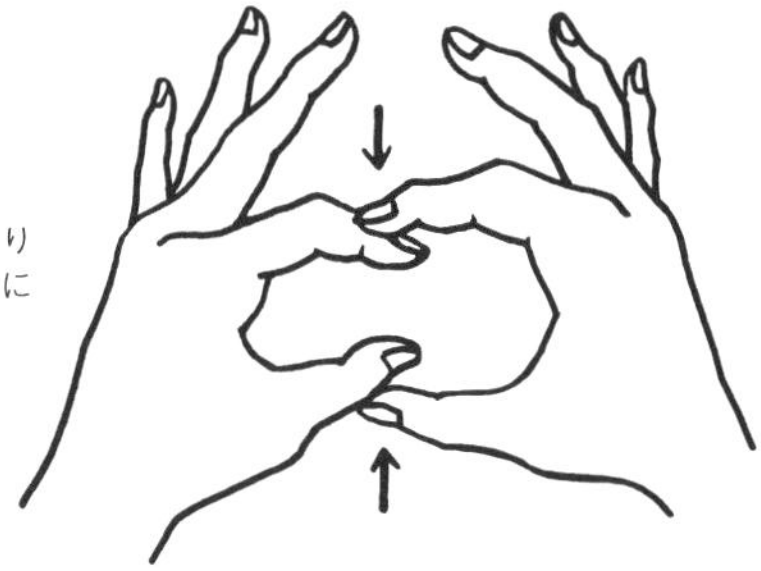

左手の指を
くっつけようとする

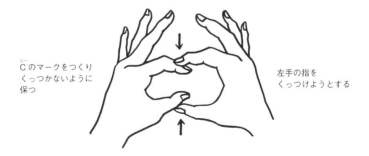

つかみにくいかもしれません。しかし、これも慣れです。体が伝える潜在意識のサインを敏感に読み取る感覚がご自身の中でだんだんと身についてきます。あきらめずに、ぜひ深めていってください。

ここでは3つの方法をご紹介しますが、自分にとって一番やりやすい方法をチョイスすればいいでしょう。

実際に運用し始める前に、シンプルで答えが明らかな質問をして、潜在意識とのコミュニケーションを試しておくといいでしょう。例えば、「私は女です」「私は男です」など、確実にYES反応が出る質問をして筋肉反射テストを行います。

事前に反応を確認しておくと、複雑な質問をしたときも、反応を読み取りやすくなります。

実践法〈なほひふり〉と易の合わせ技

〈手順〉

① 書き換えたいエネルギーパターンを特定する。

②筋肉反射で、①で特定したエネルギーパターンがＯＮになっていることを確認する。
③新しい信念体系を宣言し、セットアップする。
④必要なエネルギーを六十四卦から呼び出す。
⑤紙に卦を描き、四角で囲む。
⑥神性を活性化し、情報を書き換える。
⑦変化しているか、筋肉反射でテストする。

①書き換えたいエネルギーパターンを特定する。

例えば、「今抱えている仕事がうまくいくか不安」という悩みを抱えていたとします。その不安の奥を見てみると、何か思い込みや信念が見つかるかもしれません。例えば、「自分の才能を発揮すると危険だ」という信念を持っているかもしれません。または、「大事な場面でいつも失敗する」とか、「どうせ自分はダメだ」といった信念があるかもしれません。そこを探ってみるのもプロセスの一つです。

一つ候補を決めて、潜在意識に聞いてみましょう。

② 筋肉反射で、①で特定したエネルギーパターンがONになっていることを確認する。

①で決めた書き換えたい信念を言い、セルフで筋肉反射をとり、状態を確認します。このステップは必ずいるわけではないので、飛ばして3以降へ進んでも構いません。

③ 新しい信念体系を宣言し、セットアップする。

今の状態を認めて、新しく書き換えたい望む在り方や信念を宣言します。

例えば先ほど挙げた例ならこうです。

「私は、大事な場面でいつも失敗するという信念を持っています。けれども私は、大事な場面ほど能力を発揮するという信念に書き換えることを選びます」などです。

宣言するのと同時に、体を使ってセットアップしていきます。

セットアップの方法は、私が「空手チョップポイン

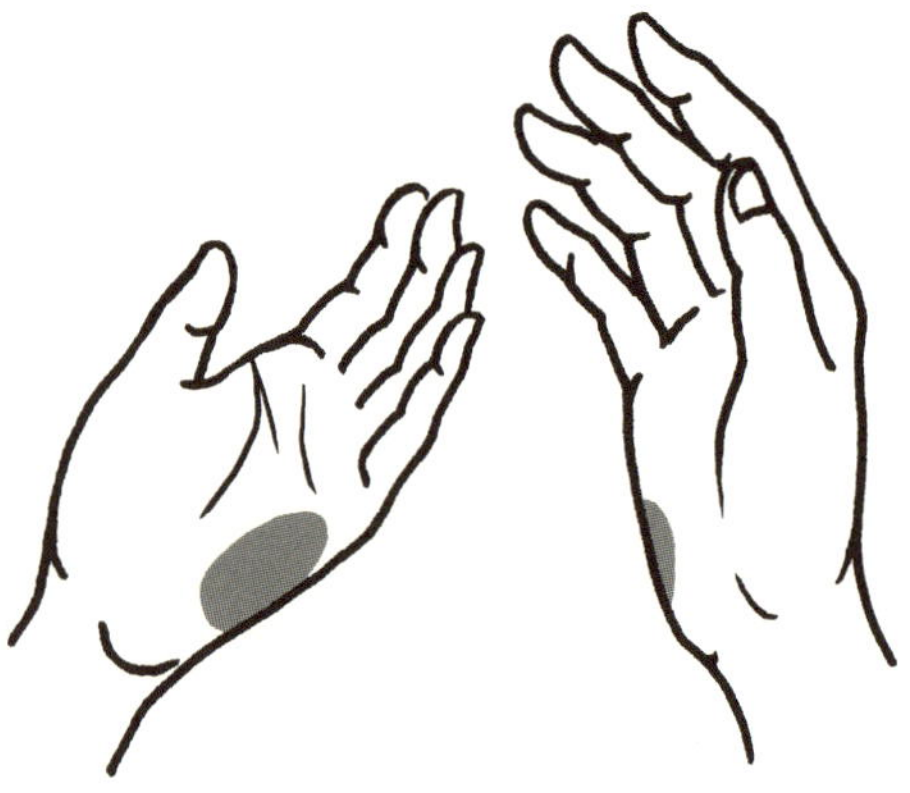

ト」と呼んでいる箇所を使います。

右手と左手のちょうど空手チョップで当たる場所をトントントントン軽く叩き合わせながら先ほどの宣言文を言うのです。

この時、現状のできていない自分、制限をかけるような思い込みを持っていることを、ありのまま受け入れることが重要です。それを受け入れた上で、今ここで、新しい自分好みの在り方へと選びなおすことを決めるのです。宣言文を言いながら、トントンする時間は自分がそろそろいいかなと思うまで好きにやってください。

④ 必要なエネルギーを六十四卦から呼び出す。

易のエネルギーを活用するステップに入ります。

ここでは「八卦サイコロ」を使った方法でご説明しましょう。情報を書き換えるために必要なエネルギーを「八卦×八卦＝六十四卦」から呼び出します。

先ほどの例で言えば、「私が大事な場面で能力を発

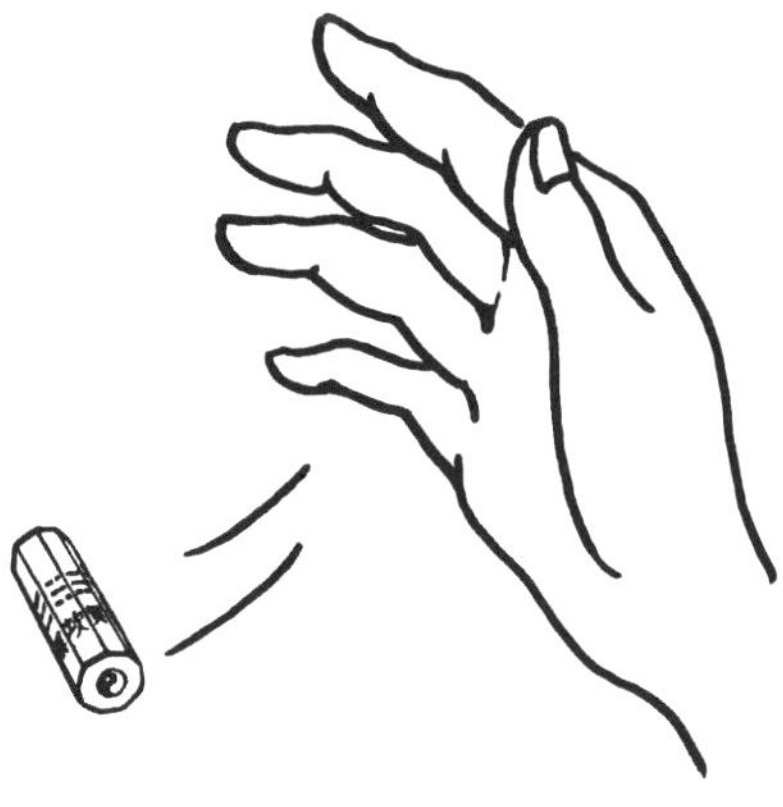

揮するために必要なエネルギー」と言って、八卦サイコロを振る。1回目に出た卦が下卦。2回目で、上卦を呼び出します。

⑤ 紙に卦を書き、四角で囲む。

1回目に出た卦のシンボル（三本線）を紙の下側に描き、2回目に出た卦を上側に描き込みます。これで六十四卦の中から一つの卦が呼び出されました。

書いた卦を四角で囲むことで、よりパワフルにエネルギーを集めることができます。

⑥ 神性を活性化し、情報を書き換える。

⑤で作った紙を左手の手のひらに載せます。右手で左手の指先を（爪を挟むように）両サイドから軽くつまみ、エネルギーが書き換わっていくのに任せます。

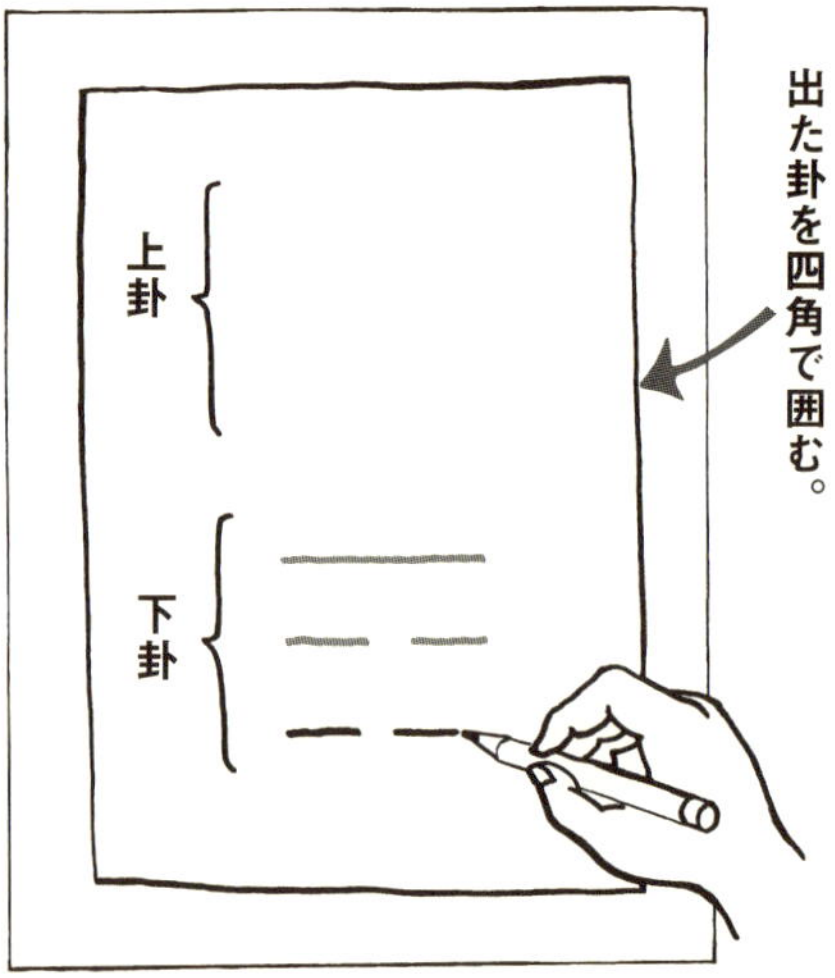

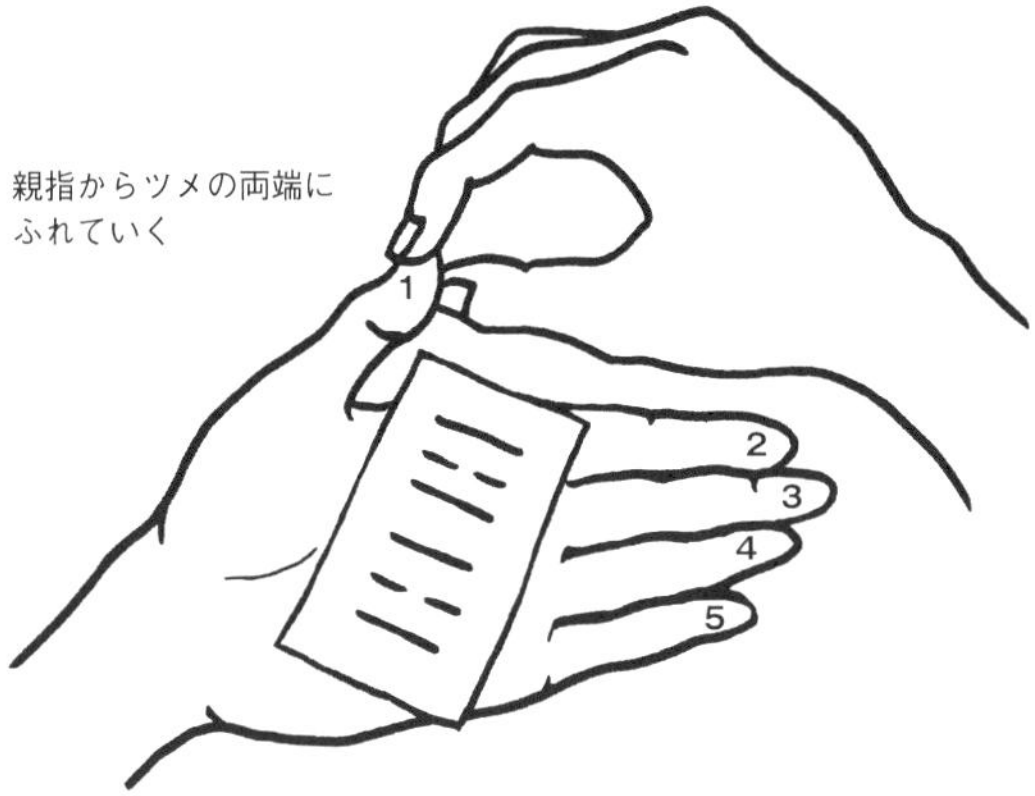
親指からツメの両端に
ふれていく
1
2
3
4
5

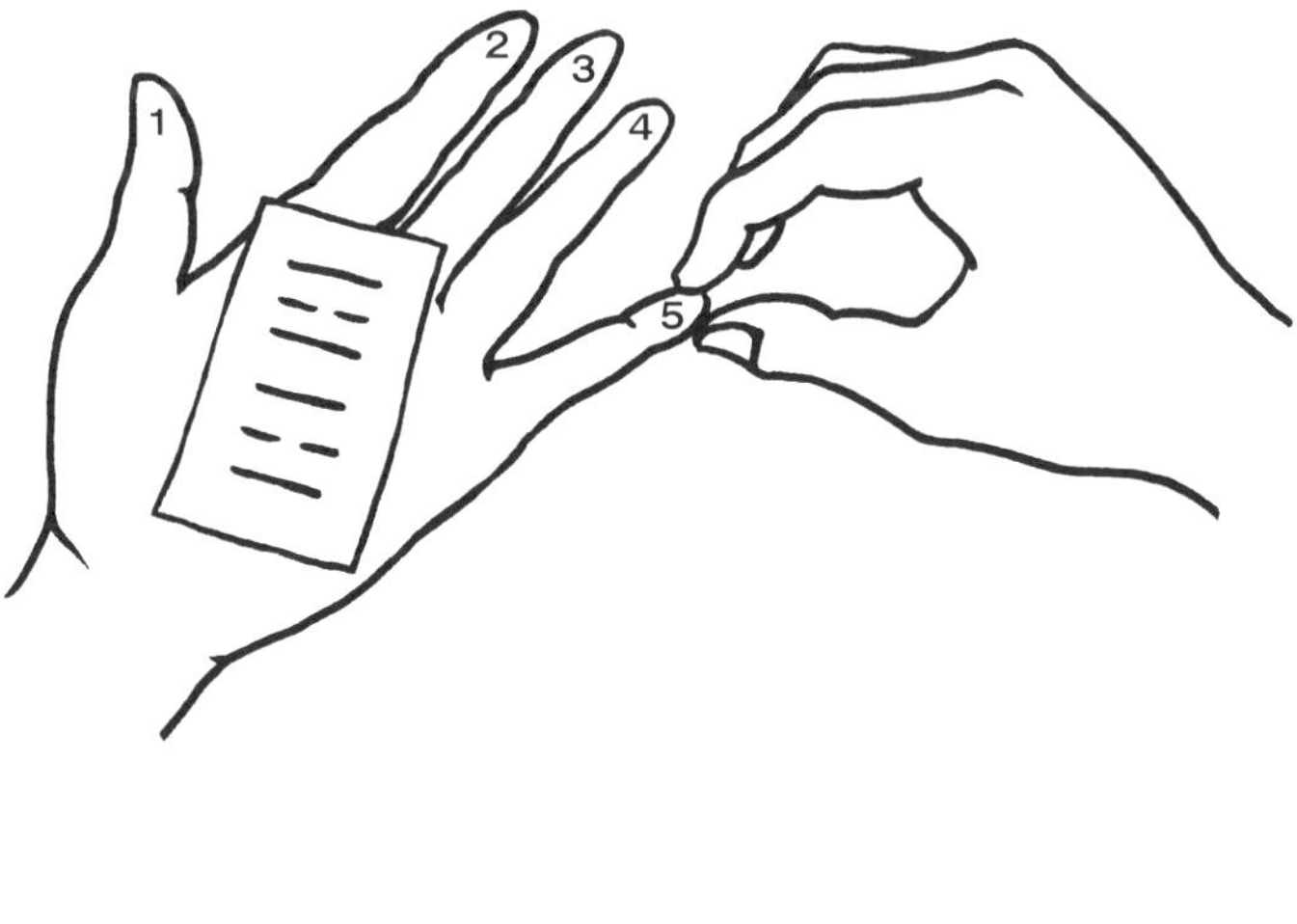
1
2
3
4
5

親指からスタートして小指まで、一本一本、ゆっくりと気が済むまで触れていってください。この時のポイントは、好きなこと、楽しいことを思い浮かべて、全身を喜びの波動で満たすということです。それこそが、内なる神性を活性化させること。

神性（＝なほひ）が活性化すればするほど、潜在意識は書き換わりやすくなります。

⑦ 変化しているか、筋肉反射でテストする。

最後に、宣言した書き換えたい内容について筋肉反射をとります。

例の場合は、「私は大事な場面で能力を発揮することができます」といって、セルフで筋肉反射をとってみます。

コインで卦を立てる方法

「八卦サイコロ」はとてもパワフルで便利ですが、なくてもできる方法があります。

コインを使う方法です。ここでは百円玉を3枚使って卦を出すやり方をご紹介しましょう。

百円玉の表が陽、裏が陰とします。日本のコインは、日本国と書かれているほうが表なので、百円玉は、桜の絵柄のほうが表となります。

コインを使った卦の立て方

（手順）

百円玉を3枚用意する。

①3枚を両手の中に入れる。

問いを言いながら、両手の中でガチャガチャ振る。

②手の中で3枚を重ねたら、手を開く。

③上からとって、下に置いていく。↓下卦が出る。

④①〜⑤をもう一度繰り返す↓上卦が出る。

実際にやってみるとすれば、こうです。

（百円玉を両手を合わせた中に入れて振って）下から置いていきます。

これは表、裏、表。下卦が出ました。離ですね。

（もう一度百円玉を入れて振って）上卦も表、裏、表で離ですね。離と離で、これが卦になります。

卦には全部、名前がついていまして、離と離で「離為火《りいか》」になります。

今回は、頭で卦の意味を知る必要はまったくありません。ただ、そのエネルギーがどういった感じなのか、五感を使ってご自身で感じてみることをお勧めしています。

それを繰り返していくことで、リーディングができるようになっていくからです。

これは、既存の易経の概念とはまったく違います。

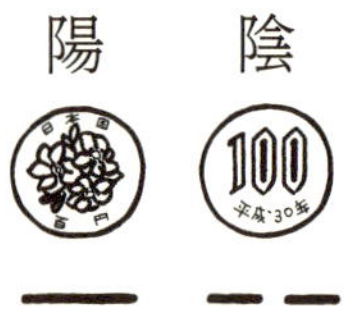

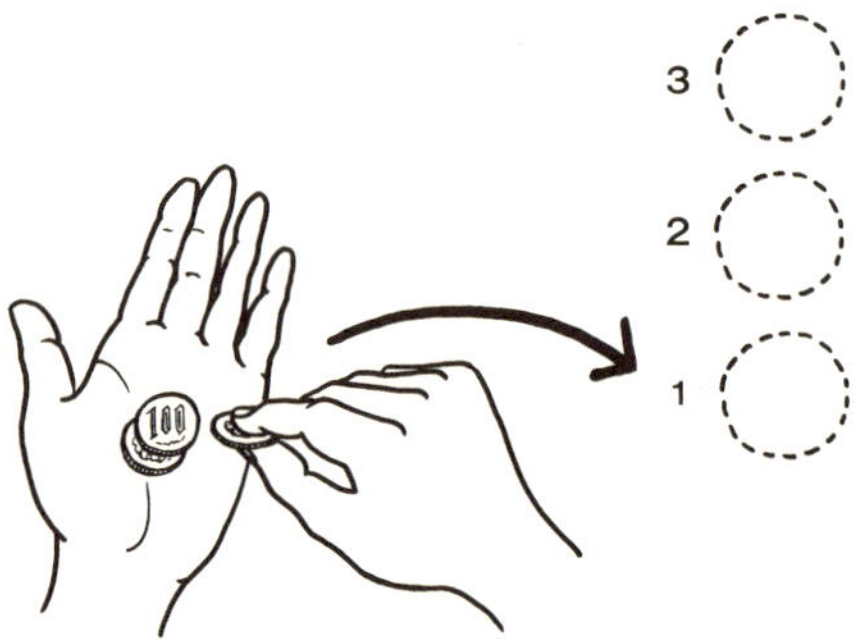

例えば、通常の占いの現場で「離為火」という卦がでた場合、どんな展開になるでしょう。

易経の解説本で「離為火」を見ると、「貞《と》うに利あり、亨《とお》る。牝牛《ひんぎゅう》を畜《やしな》うに、吉」とある。こういうのを読んで、易者さんが解釈していくわけです。

例えば、「この結婚はどうでしょうか」と親御さんが聞いたとします。

それで、こういう卦が出たとします。そうすると、「貞うに利あり、亨る」、「亨る」というのは、単純に言えば吉凶判断でオーケーだよという意味で、この縁談はいいですね、通りますよ、ということ。そして、「牝牛を畜うに、吉」、結婚生活も吉、いいんじゃないですか。順調だと思いますよ、となります。

今この時間で問うたものに対する答えが出ると、それをどう解釈するかが易者さんの力、当たる当たらないを分けるところになるのですね。

それから変爻《へんこう》といって、今はこういう状況だけれども、今後どうなっていくのかというアドバイスみたいなものが出るのです。このリーディング、解釈の仕方が、易者さんの能力にかかっています。

これが一般的な易における卦の利用法です。

しかし、今回は、こういった難しい話は一切いりません。

今回は解釈は一切関係なく、「解釈するために必要なエネルギー」としてダイレクトに入れこみます。

そのエネルギーをまずは五感で感じてみること

私は、解説書を読む前に、そのエネルギーに触れることがとても大切だと教えています。

例えばタロットカードも私の塾で教えていますが、ちゃんとタロットのエネルギーとつながってからタロットカードの解説本を買ってくださいと指導しています。

解説本から解釈するということは、タロットを占う占い師さんのボックスに入ってしまう。だから、自分で触れ合うエネルギーがきっちりできてから、解説本を読むほうがいい。そうしたら、解説本そのものじゃなくて、「この占い師はこのカードをこういうふうに読むのね。私はここはこう読む」、そういう見方ができるようになる。

この技術は、占いを否定するわけではないのです。

占いを活用することを伝えたいのです。占いは活用してもいいのですが、占いの枠、ボックス、箱に入ってしまうと、それ以上のものが出せませんよということです。

エネルギーという面で言えば、占いを活用して、法則を活用して、自分自身の人生をよりいい人生にクリエイトしていくことができますよということです。

潜在意識下にある強力な法則

易は３５００年間、この地球で法則として、あるいは学問として、勉強され続けてきたわけです。特に支配者層には帝王学として学ばれ、国を治めるために使われてきました。敢えて難しくして万人に理解できないようにしたほど、この法則にはとんでもない効力があるということです。

ということは、ものすごいエネルギーの法則が潜在意識下にあるということです。

それは調和の法則です。

そして、国を治めるために使われてきたということは、自分自身の国に対しても同様の威力を発揮するということです。

人間を見たときに、一人の人の中にはいろんな顔、いろんなパート、いろんな部分があると考えます。多重人格の話がありますね。あれはいろんな人格がいて、コントローラーを失った状態です。

私たちはコントロールしているわけで、たくさんの人格が自分の潜在意識下にはいるのです。その人格のもっと奥底には法則がある。重力の法則もそうですが。

易というのは、調和の法則です。調和して生きていくという面では非常に使いやすい。あるいは、自分の人生をクリエイトするために易は使いやすいのです。

ただ、タロットはタロットで、ある面、欧米のマジカルな世界から生まれてきています。ということは、タロットをうまく活用すると、手品じゃなくて魔術を使えるんです。どうやって使えるかというと、タロットカードの世界観は、世界で多分何億人もが影響を受けている。これは法則です。それはそれで活用してやればいい。

喜びの人生を生きまくる

私にとって一番重要なのは、自分の人生を、喜びの人生を生きまくるということです。

それが私の最大テーマですから、そのために使えるものは何でも使うというのが私の考え方です。

易だけでもいいのですよ。このテクニックは調和のテクニックだから、全ての人がやったほうがいいと思うけど、調和のテクニックだけやって、人生をクリアするにはタロットを使ったっていいわけです。あるいはルーンを使ったっていいのです。

ルーン文字は、これは私のリーディングですが、タロットよりももっと深い、原始的なエネルギーを感じます。ということは、エネルギーが上がってきたときの原初的なエネルギーだから、広範囲に一つの文字が使える可能性がある。

タロットはもうちょっと細かく使える。タロットカードには大アルカナと、小アルカナがあるでしょう。あそこまであると、かなり細かいところにフォーカスしていける。

例えば、「私は何歳のときに自分の人生が大きく変わった」みたいな、そういうときがあるじゃないですか。それは、今のタイムライン、今の魂の時間軸でいくと、いつごろ起こりますかと問うたとします。ルーンだと、数字とか細かいものは出せないのです。でも、タロットだったら、数字も細かく出せる。トランプみたいなものだから。

だから、その道具をどう使うかです。

それぞれの道具は、こっちがいいからこっちはダメとかいうのはないです。あらゆるものにいい面があるので、それをどう自分のために使うかです。中心は自分です。易でもなく、タロットでもありません。中心は自分です。でも、今までは、中心は自分なのに、タロットカードだったり、ルーンだったり、易経だったりといった、直感的な占い、そのボックスに入れられてしまったんです。

魔術は錬金術を指しています。みんな、ミラクルだとか言うじゃないですか。そういうものをつくっていく技術です。

もともと、魔術は金《きん》をつくる技術の研究と言われていると思うのです。有名なのは白魔術、黒魔術と言ったほうがわかりやすいかもしれない。黒魔術は、人を呪い殺したり、人を不幸にするためにエネルギーを使う技術です。白魔術は、人を幸せにするのを手伝うためにエネルギーを使う技術です。

本当は調和がとれていることを思い出す旅

易というのはこの世界の調和をあらわしています。

易はこの世界の事象を全て説明できます。だから、問うたときに、確実に答えてくれるのです。易経という調和のモデルがこの世界に入っているということは、地球はもともと調和がとれているはずです。

本当はすべて調和がとれているのだということを私たちは思い出そうとしている旅でもあるのです。

だから大調和から行くのですが、大調和じゃなくてポイントからパズルのようにつくっていくと時間がかかる。

そうではなくて、まずパズルは大調和しているんです。

そしてDoingすることで、どこかでパズルはポコッと外せるから、またそれを埋めたりとか、そういう生き方をしてみませんかという感じです。

問いの立て方

問いの立て方は、とても大切です。

その問いによって、宇宙すべての中から、あるエネルギーを呼び出すからです。

自分にとってプラスになるように問いかけることが重要です。

具体的に言うと、「この案件はどうなりますか」と聞いたら、多分どうなるかの状況が返ってくるだけです。この聞き方は、いわゆるボックスの中に入っている問いですね。

ぜひ次の問いの立て方を理解してください。

「私はこういう問題を持っています。

そして、その問題を解決するためのエネルギーをいただこうと思います」

と、自分のために法則を使う。

○○を解決するために、この願いを実現させるために、この旅を安全に過ごすために、どうすればいいですかと、問題解決のために必要なことを聞くのです。

これが、「どうなりますか」と、吉凶判断みたいなことを聞くと、どっちかの答えが返ってくるだけです。

「私が、この仕事あるいはこのプロジェクトを成功させるためには何が必要ですか」とか、自分主体で喜びを生きる前提で質問していくことが、お勧めの問い方です。

そう問いかけをして「八卦サイコロ」を転がす。

例えば、「ヒントをもらって成功することを選びます」と、新しいゴールを決める。

そして、Do について聞くときに、「このプロジェクトを成功させるためにどんなエネルギーが必要ですか」とか、「この問題を解決するために必要なエネルギーを見つけます」とか言って、「この問題を解決するために必要なエネルギー」と言って（問いを立てて）、コロコロとやる。そうすると、卦が出るでしょう。その卦を入れるわけです。


自分がその問題の中に入り込んでいるとき、どういう質問がいいか迷って、自分が被害者になって聞く質問をしがちですが、理由を探すのではなくて、「ゴールに行き着くための情報をください」とか、「解決するエネルギー」と言って呼び出す、それが問いです。

自在に使えばいいのです。

今回は言葉が欲しい。言葉は超限定的にできる。

これはエネルギーだから、「解決するエネルギー」と言ったら、言葉の下の世界を呼び出すことになるのです。

潜在意識を書き換える3つのコツ

〈潜在意識書き換えのコツ〉
すぐ戻るという思い込みを外す
何回も繰り返しやってみる
同一テーマで角度を変えて別の層にアプローチする

筋肉反射テストで、筋肉が変わるということは潜在意識が変わったんです。

またすぐ戻ってしまうのではないかという思い込みは外す。

あるいは、またやってみればいい。何回もやってみる。よく言われることですが、潜在意識に伝えるために必要なことは、一つは繰り返しですから。

さらに言うと、一つのテーマにはいろんな角度があって、言葉一つ違うだけで変わるんですよ。

例えば、「私は少し罪悪感がある」とか、「私は日本人として罪悪感がある」とか、言葉をちょっと変えるだけで、全く変わってくるんです。

「罪悪感」というテーマで、本当にたくさんの層があるから。でも、一つ抜ければ、変わることは確かで、だからおもしろいんだと思うのです。

なので同じテーマでも、何回もやってくれと言っています。というのは、角度を変えて、繰り返しで深くさせていくことも重要だから。「それを全部やれば、私は超人になれるんです」、それはあり得ないですよ。「もともと、あなたは超人でしょう」が正解ですからね。

事例――受験生の息子にやってみたお父さんの事例

こういう例があります。

お子さんの成績が悪かったけれども、アスリートなので筑波大学に入りたいと。

お父さんが私のところの塾生なので、このテクニックを教えました。

〈なほひふり〉で「筑波大学に合格できています」というのを乗せるのではなくて、もっとエネルギーの底をやってみようと思って、「筑波大学に入るために必要なエネルギー」と言った（問いを立てた）ときに、それが卦として立ち上がってきたわけです。

お父さんがやってあげたらしいのですが、その卦を描いて、卦を左手において、指でやっていたら、勉強しだして、筑波大学に合格しちゃった。

宇宙を味方につける秘訣は「ゴール文に余裕をつける」こと

私は、どちらかというと抽象的なことから始めることをお勧めしています。

願望実現のために個々のエネルギーに執着すると、もしかしたらその人の魂にとって、こっちのエネルギーのほうがいいかもしれないのに、そっちに入って失敗したとなる。

それを避けるためには、もっと包括的に、この場合だったら「自分にとって最高の学校」とかいうふうにしたほうが、魂の本当の望みに近い方向に行くというのが私の考え方です。

価値観をすり込まれているから、国公立のほうがいいとか、偏差値が高い学校がいいとか、何か思い込みにとらわれて、こっちがいいと思ってしまう。

その場合は、まず抽象的な信念体系を整えればいいのです。

自分にとって最高の学校。そこでエネルギーを整えて、潜在意識下からオーケーとなったときに、やっぱり当初決めていた学校に行きたいなと思ったら、トライしてみればいいのです。自分にとってのベストが起こりますから。

もう一つ、特定の結果に執着してしまう言い方から逃げるやり方がある。

例えばその人は筑波大学に行った。それがもしかしたら本当の自分の目的ではないかもしれないけれども、入った。そこではないほうがいい場合もあるわけです。

ですから、「筑波大学もしくは私にとってそれ以上いい大学に入ってます」と、アファメーションというかゴール文を変える。

ゴール文に余裕をつけることがとても大切です。

要するに「このことが実現します、もしくは、それ以上のことが実現します」という、いい意味でのバッファをかけることがすごく重要なのです。

私が願望実現の瞑想をするときは、必ずその一文を入れます。

これだ、これだ、とすごく執着してしまうと、念の力が入るかもしれない。

薄い層の潜在意識をだまし込んで行動にでるかもしれない。だけど、エネルギーが上がってくる手前で、「自分は幸せを生きたらダメなんだよ」なんて信念が入っていたら、この目標自体が幸せじゃない目標ということになります。

ですから、表面上の細かい○○大学とかでやるのであれば、「この大学もしくは自分にとってそれ以上の大学」とバッファをかけておく。そうすることで、「こんなはずじゃなかった」という人生じゃない「最高の人生」に入っていける前程を、先につくっておけるのです。

宣言の時点で、可能性を自分で狭めないことがすごく大切です。

そうすることで、「あっ、落ちた」となっても、心の底では、「ここは俺が行くところじゃないんだ」ということになるじゃないですか。

みんな、まさにすり込みとかで、魂がギュウギュウ泣いているのです。

でも、本来の自分に戻ったときに、すり込みの枠を超えていったときに、柔軟性が広がって、本来の喜びを生きていくことになるわけです。

自分の力を取り戻す引き寄せの宣言文

易というのは抽象的です。

そのエネルギーを私が活用するというのは、そういうことにもつながります。大調和しているのに、何でおカネが調和していなかったりするのか。いいんです、まず全体の在り方を調和させれば、個々の事象も後から調和しやすくなるから。

調和して生きるんだということ、神様としてこの世界に生きるんだ、喜びをばらまくんだ、調和を出していくんだということで、本当の魂の喜びに気づいていくわけです。

そこから、細かい願望実現の技術を使えばいい。

「私はどうしても東京大学に現役で入ります」とやるんだったら、やってもいい。だけど、余裕をつくっておくこと、もしくは「それ以上の私の人生にとってのいい学校に行けます」とか、あるいは「それ以上の人生が起こってきます」とか、自分の喜び、幸せ、抽象的なことがあらわれてくるようにバッファをつくっておく。

この考え方をもってすれば、今までの引き寄せだとか願望実現をもっと包括的に、自分の力を取り戻すために使っていけると私は思っています。

ディヴァイン＝神性を生きると決める

今回、〈なほひはる〉は、ディヴァインリビングです。

あなたが神性、「なほひ」を生きていくと決めたときに活用できるテクニックです。

「なほひ」は、喜びであり、調和です。そして「なほひ」がゲームをするとき、「おう、来たか。この問題を解決するために必要なエネルギー」、コロコロコロと。

「おっ、来た。地天泰《ちてんたい》。気持ちいい」、オーケー。そうすると、事が動く。

潜在意識と体はつながっていて、潜在意識はむしろ波動を読んでいます。

「ありがとう」と書いて、筋肉反射をとると強くなる。「ばかやろう」と書いて筋肉反射をとると弱くなります。

なぜかというと、潜在意識は体とつながっているため、体が接したら、その波動を読めるからです。もちろん、目で見ても波動は捉えられるのですが、実際に触れたほうが、潜在意識はそのままそれを入れ込もうとするのです。

それが〈なほひふり〉の原理です。

何で左手に文字やシンボルを持たせるかというと、左手はエネルギーを受け取る手だからです。そして、イメージングも何もいらない。

ただ、「潜在意識ちゃん、お願いね」。そうすると、その波動が同調してくるのです。

なぜ同調するか。まずセットアップで、意図を決めているからです。

要するに反対エネルギーを認めて、新しい選択をしますよとアファメーションをとるわけです。セットアップするわけです。

そして、ゴール文を手に持って、準備オーケーですね。

波動を上げていくと、その波動が自分の中にエネルギー、情報として入ってくるのです。

体と潜在意識はつながっているから、潜在意識に５００万回、「私は成功しています…」と言わなくてもいい。これは速いんです。エレガントにコロコロコロ。

現実をクリエイトしているのは、抽象的概念

まず抽象的な概念をつくることが先です。

例えば、家族問題に悩んでいたら、みんなその理由を探そうとします。ですが、その前に、その現実をつくっている抽象的な信念体系は何だろうなと考えてみることが本当はいいのです。

すると「私はつらい家族関係で学びを得ています」とか、そういう信念体系があるのではないか、と思い当たるかもしれません。

そうしたら、「私は、つらい家族関係で学びを得ているという信念を持っていると思います。けれども、私は、幸せな家族関係で学びを得ることを選びます」とか、新しい選択をする。

これは抽象的な信念体系でしょう。「楽しい家族関係、幸せな家族関係で学びを得ています」とかいうゴール文を書いて、「ああ、気持ちいい」とやっておけばいいのです。「うれしい」とか、「ありがたいな」とかやっていたら、その情報は入る。

自分の中にあるエネルギーパターンが世界を映し出すわけだから、抽象的な信念体系を整えることがすごく重要です。

問題があったら、その問題を探るのではなくて、その問題をつくり出している、もっと奥にある抽象的な信念体系を変えたほうが早いです。

第5章

陰陽の奥義と現実化の秘密

法則に使われるのではなく、法則を知って、使ってください。
ネガティブエネルギーを出した自分も許すし、相手も許す。
そうしたら、法則は必ずポジティブに持っていくから。
それがシフトなんですよ。
大切なことなので何度でも言いましょう。
あなたは被害者でも加害者でもない。貢献者です。
バランスをとって生きていく人たれということです。

意識の層と現実化の関係

意識の層はどういった構造なのか、氷山でイメージしてみましょう。

上の部分が顕在意識です。下の部分が個人的無意識です（図９）。

よく説明されるのは、個人的無意識があって、深い海があって、これが集合的無意識ですとかいいます。でも、これをもっと分析的に見ていくと、実は個人的無意識は別の個人的無意識ともつながれるのです。これをラポールといいます。ラポールは、個人的無意識層がつながることをいいます。潜在意識にとって、私は味方ですというのを入れ込んでいくと、ラポールを形成します。

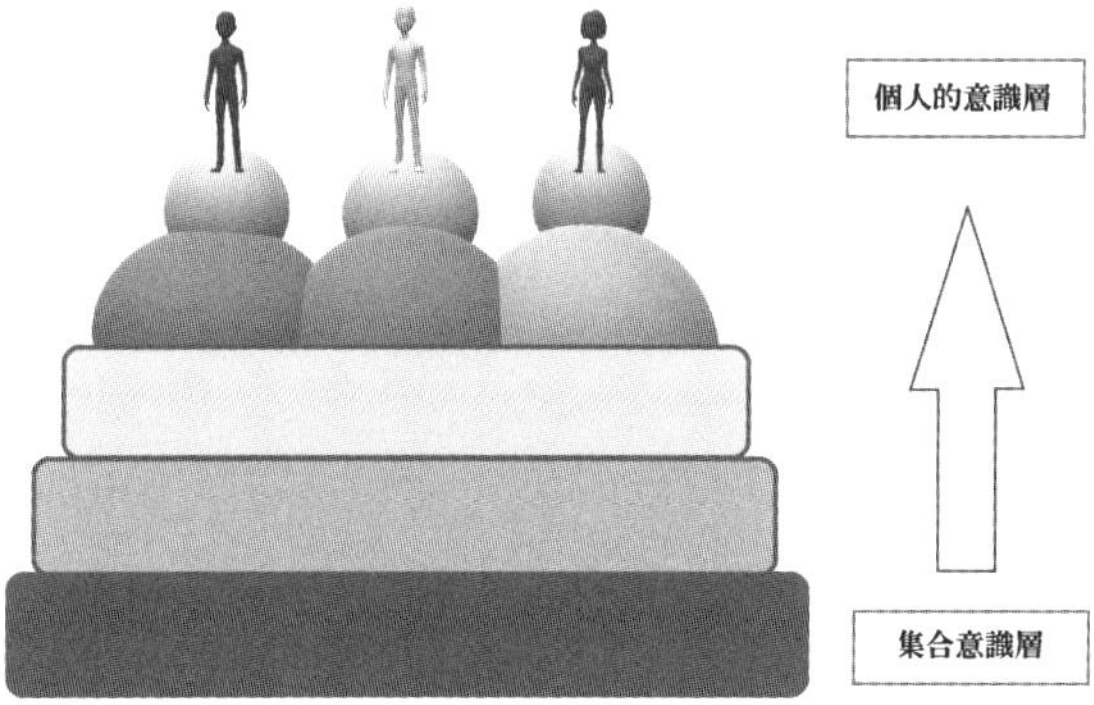

図９　意識の氷山

人が集まると、個人的無意識同士がつながりあって、グループ意識みたいなのが生まれます。私がワークショップでよく活用するのはグループ意識です。グループの状態をリーディングして、そこを調整しながら活用していくやり方が、私独自のワークショップです。

自慢してしまいますが、私のワークショップではここがすごいと言われます。

「だって私、変わりたくないんですもの」が、「変わっちゃった」になりますから。

さらに深い部分に目を向けると、日本人の集合意識があります。

それから、アジア人の集合意識があります。もっと抽象的になっていくと女性・男性とか、もっと古くなると、レムリアにすごく長くいた記憶を持っているレムリアが強い意識とか、アトランティスの意識とか、下に行けば行くほど抽象的になってきます。

エネルギーはどこから来るかというと、この一番深いところから来るのです。

ここのエネルギーは何の意味づけもされてないのです。

深くにある抽象的な意味づけからエネルギーが上がってくる。ずっと上がってきて、日本人の意識を通って、日本人としてのエネルギー、個人的無意識を通ってくるわけです。

ＤＮＡの情報を発現させる映写機

ＤＮＡに情報が入っています。

ＤＮＡの情報を発現させる映写機はどこですかというと、一番深い潜在意識層でしょう。

では例えば、ある願望を顕在意識でつくるとします。

「５００坪の超豪邸に俺は一人で住むんだ」という強い望みがあったとするじゃないですか。でも、抽象的な信念体系で、「自分は半径１００メートルくらいの家にしか住めないよ」という見えない思い込みがあったとしたらどうですか。

実現しないですよ。ねじ曲げて実現したとしても、作用反作用で、マイナスエネルギーを受け取る必要があるわけです。

もっと簡単に言うと、「自分は不幸になる必要があるんだ」という信念体系が深く何層にもわたって入っていたら、「地球は囚人の星だ」と何層にもわたって入っていたとしたら、あるいは前世においてそういう経験を何回もしていたとしたら、どうなりますか？

その場合、無理やり念力か何かで一見望みが叶ったようにみえるものをつくったとしても、深い層の信念体系があるから、結局は望んだ状態じゃないものが浮かび上がってきますよということです。

「やっぱり俺の人生って不幸なんだ」

これを証明するようなことをつくりますよと言っているのです。

深い潜在意識層をクリーニングする

ですから、**抽象的な信念体系を整えることがすごく重要**です。

そして易は、深い層にある調和の法則です。これを使って整えたら、本来の魂が発現し、喜びを実現しやすくなりますよという理屈です。

ですから、調和のテクニックを自分に使ってあげることは、潜在意識のクリーニングをしていることでもあります。

深い層とつながって、「調和」とやっておくと、「おまえ、調和なんだから、不幸な、不調和な人生なんか生きる必要はないんじゃないか」と変わってくるということです。

深いところからやると、その上は自動的にひっくり返っていくということです。

例えば、前世。前世は超えられるでしょう。

だって、前世は個人的な無意識でしょう。潜在意識は時間と空間を超えていますから。

でも、あなたが経験する過去世は個人でしょう。

全体の中の個という感覚の芽生え

すり込みを外して、クリアリングが進んでいけば、個性は際立つのですが、「他とは違う私」という個性ではなくなります。

「自分は全体の中の個性だ」という感覚が芽生えてくると思うのです。

個性だけれども、奥底では一つだという感覚に目覚めてくると思います。それはこれからだから。でも、私のリーディングと考え方で言えばそうなると思っています。

自分を整えた先の「人間力」

結局、自分だと思うのです。自分を整えていれば、セラピーとかヒーリングとか、いいものを提供できると思うのですね。

アカシックレコードにアクセスできる人はいます。でも、普通はそうではない。

アカシックレコードに入れる人は、多分何らかの形で調和をとっていると思うのです。

自分を整えていくことがすごく重要かなと思いますし、私も、自分に対するリーディングが一番難しいですね。自分にはすごいフィルターがあるということでしょう。

変な話、病気で死にそうなお医者さん、100の病気を持っているようなお医者さんには診てもらいたくない。これはスピリチュアルにおいても同じです。

人間的に、社会人としてどうかみたいなヒーラーさんとか業界の人にたまに会います。これは一般社会だったらアウトだよねみたいな人もいる。だから狭い世界にいるのかもしれないけど、びっくりするほど変な人がいますよ。もちろん、世間にも変な人はいっぱいいますが。

スピリチュアル業界でも、一般社会でも、自分を整えていける人、要するに「人間力」というか器がしっかりしている人たちが、これからリーダーになっていくのではないかと思っています。

スピリチュアルはすごく大切なものです。豊かな人生、幸せな人生を生きていくのに本当に必要な知恵だと思うのですね。そこを勘違いしている方もいらっしゃるようにお見受けするので、「スピリチュアル業界こそすばらしい」となってほしいと思っています。怪しいとかいろいろ言われるけど、そうじゃなくて、スピリチュアルこそ、人生を豊かにし、自分を豊かにしていく、あるいは自分を整えていくのに必要な知恵なんですよというのを伝えていければと思っています。

現実を変えたいときにどの波動域からアプローチするか

こういうツールをつくって、活用してもらう。私は基本的にすべて簡単にしています。〈なほひはる〉はそんなに難しくないと思うのです。遊びながらできる。

ご体験いただくと、エネルギーが本当に来るなというのがわかると思うのです。

簡単で、楽しくて、大なり小なり変わってくる。

この世界は、ある意味、荒い波動の世界です。

いい悪いではない。荒い波動の世界というのは、変えていくのが大変なんです。

例えば「この車を壊してください」と言ったら、力もいるし、大変じゃないですか。

でも、「イメージの中でこの車を壊してください」と言ったら、簡単にできます。ということは、微細な波動のほうが柔軟性があるし、変容させやすいのです。

それが変容できれば、粗雑な世界、荒い世界に入ってくる結果が変わってくる。

ですから、私は、抽象的なエネルギーパターンを先に変えてくださいとお伝えしているんです。

占いのボックスから出て、法則の使い手として生きる

タロットは、私のリーディングですが、人間が成長していくモデルです。タロットというのは大アルカナという種類のカードが基本になってくるのですが、まず0という数字があります。これはおもしろいですね。0の数字は、おバカちゃんがアハーッとやって犬に吠えられているみたいな絵です。Fool、要するに愚か者です。

でも、何でゼロで愚か者なのか。

全ての可能性を持っているからと私はリーディングします。

意味づけされてないのです。

全ての可能性を持っている愚か者に対して、どういうふうに意味づけしていくかということで、その人の物語が始まっていくわけです。

それがブループリントです。自分が気づかない部分で、魂が、こういうプログラムにして楽しんじゃおうというのがブループリントです。

これは占星術が生まれてきたときと似ています。

タロットと西洋占星術は、絡みがあったりするはずです。

全部、知恵という部分でつながっています。「知恵」というのです。「知識」ではない。

知恵というのは、よりよい人生に向かって活用するためにあるのです。

しつこいようですが、ここが大切なところです。

占いという枠組みの中にはまるのではなくて、占いという枠組みを使うところに行きましょうという一つの提案です。

「私が動くと大調和で、超お金持ちになって、高級車で、超高級マンションの最上階に住んでいる」、これは違うんです。それは一つの事象でしかない。

まず、大枠を整えることで、本来の調和から外れたところに行かないようにする。

調和から始めることで、おおよその自分の調和した人生を生きるところからずれないようにしているわけです。

もっと細かくやっていこうとすれば、易でもできるのですが、タロットが好きな人はタロットでもできるということです。


それともう一つ。今回はとびきり簡単にしていますけれども、これをきっかけに、易っておもしろいねと思ったら、本当の意味で易を勉強していく人も出てくると思います。

今までは難し過ぎて、勉強したくてもなかなか勉強できないし、あげくの果てには滝に打たれて、お酒抜いて、そうでないと易なんてできるわけないとか。それも一つのすり込みではないでしょうか。

すり込みはいっぱいありますよ。でも、今はどんどん変化している人たちがたくさんいます。今までの枠から外れてきている人たちもいるんだなと思います。

私のセッションは、瞬時に変わるわけでしょう。本来は意識の変化というのは瞬間なんですよ。でも、「そんなことはない」と思ったら、ない。信じられないと言う人がよくいるんですよ。

「では、戻して差し上げましょうか」と言います。だって、決めるのはその人だから。

ずっと深いレベルに潜って潜って潜っていく

３５００年前からあると言われる易というものは、晩年のユングも研究していたらしいし、どういうことなのかと私なりにリーディングしていくと、これは調和だな、この世界の事象を全てバランスよくあらわしているんだなと見えてくる。

さらにそれを追っていくと、この世界の創成にもかかわっているのがわかるわけです。太極から陰陽が生まれた。この世界は「相対」の世界ですから。「絶対」だったら認識すらできない。

私がいて、あなたがいて、私がいて、環境があるから、私は自分を認識しているわけです。必ず対象がないと、認識できないのです。

脳もそうなっている。全て対象、相対、陰陽です。

ずっと深いレベルに潜って潜って潜っていったときに、抽象度が上がってくるわけです。内観とか瞑想とかをして、例えばここにマインドを投入してもっと深くもっと深く、もっともっと一体化するといったときに、抽象度が上がってくるのです。

「紙コップ」と言っていたものが、マインドが入っていくと、ただの色の波みたいに見えてきたりする。もっと行くと、宇宙空間みたいなのが見えたりとか、抽象度が上がってきて、見たこともない、スター・ウォーズに出てくるような動物がエヘラエヘラしている星が見えてきたりとか。抽象度が上がってくるというのがわかります。

見ているのは自分なので、客体を見ていったときに、自分の意識は広がっていきます。認識しているのが「私」だから。瞑想していくのと一緒です。

マインドの投入は、エネルギーパターンを捉えていくと言ってもいいかもしれない。

意図から始まる相対の世界

リーディングも波動を捉えている。

オーケーをもらって、深く読んでいくのです。

何を深く読んでいるかというと、深い層のエネルギーパターンにアクセスするわけです。

この間ある方が、「何でそういう抽象的な信念体系がわかるのですか。その原因は何ですか」と、すごく論理的に聞いてきました。

その人をリーディングしていくと、例えば過去世の映像が出てきたりする。「こういう過去世だったんじゃないか」と言うと、「何でそんな過去世があるんですか」。また追っていって、「その奥にはこういうのがありましたね」と私が言うと、「何でそんなのがあるんですか」。原初の動機はわからないでしょう。「それは、この世界に来たいと決めたんじゃないですか。それがオリジンじゃないですか」、ということになります。


この世界は、何かの意図から始まっています。意図です。

その意図が始まったとき、相対が起こるわけです。それで認識していくわけです。

本当の1つになったとき、輪廻転生を終えたとき、自分は自分と認識できるのだろうかという命題もあったりする。

私は、認識できないと思っています。

でも、また何か意図が生まれたら、新しい旅が始まるかもしれない。

ロマンチックですよ。

こだわりを外して、潜在意識のとらわれを外して、すり込みを外せば外すほど、よりオリジナルの自分に近づいていると捉えていいと思います。

まじりけがなくなったときに、純粋な個として存在することができるようになると思う。特に一時的な覚醒は、それで体がなくなるわけではない。ただ、個性がより際立つというか、そういうからくりだと思います。

オリジナルの自分＝唯一無二の個性

例えば、東京大学に入りたいと思う。それは特別性という個性が欲しい、外側からの何かで個性をつけたいということで獲得したい欲求があるけれども、それを外せば外すほど、何にもならないのではなくて、より唯一無二の自分になっていくということです。

その前提に立てば、易の大もとのエネルギーに自分を同調させることは、自分じゃなくなることではなくて、本来の自分を生きることになる。

それが喜びです。際立った個性であり、尊いものであり、ディヴァインです。

だから、ディヴァインリビングなんです。

ですから、深いのです。それこそ生きることです。

際立った個性が輝くことになります。

外側のものに自分を同一化して、それが自分だということではなくて、私は私であり、既に私は完全で、神性な存在であり、そしてたまたま今生では、大学は東京大学です、早稲田大学です、あるいは専門学校生ですということではないのですか。

あるいは、一人の主婦として円満な家庭をつくってきて、みんながハッピーでよかった、そういう個性の人もいるかもしれない。

「比較する心」の罠に気づく

ですから、一つの罠は比較なんですよ。

でも、比較するなと言ったって、するんだから。

そういうすり込みがいっぱい入っている。

だから、大もとに近いところから整えていけば、徐々に外れていくんじゃないかというのもあるわけです。

問題解決したいのだったら、自分で考えた言葉でやるのもいいけど、どういうアファメーションをつくったらいいかわからないから、「解決するためのエネルギー」とか言って八卦サイコロをコロコロしよう、それでいいじゃないですか。コロコロしたら、結果が起こるわけだから。

その望みに執着は入り込んでいないか

ワークショップ中に「質問ありますか」と言うと、大体上がってくる質問は個人的質問が多いですね。

先ほども例で取り上げましたけど、受験期の子どもがいるというのがすごく多くて、質問のパターンは、「うちの子どもは入りたい学校があります。そこに入れさせてあげたいのですが、どうやってこのテクニックを使えばいいですか」と聞かれるのです。

さっきの話と同じで、「この学校もしくはそれ以上のいい学校に入っています」というふうに〈なほひふり〉をしてくださいと言います。これで普通は大丈夫でしょう。

ところが、納得してくれない人がいます。

「どうしても、そこに入りたいのです」。それが執着なんですね。

「入れるんですか」

「ですから、入れるか入れないかわからないけど、そこの学校もしくはもっといい学校に入れますよ。それは大丈夫ですよ」

「いや、この学校に入りたいと言っているのです」

受講生の方は、多いときは80人くらいいます。「やってみてください」と言うしかないですよ。

その方は、またワークショップに来て報告してくれました。

「子どもは目標の学校に入れました。本人も喜んでいます」と言うから、それはよかったです。多分、やってくれたんだと思いますが、執着すると、可能性を狭めてしまって、逆に入りづらくなる。執着はエネルギーが動きづらいんですね。重たいのです。

よく願いの実現とかでも、忘れたころにかなっていたという話が多いと思うのです。

あれは執着が外れているからです。ずっと握っているということは、エネルギーが流れないのです。

「努力逆転の法則」を立ち上げていないか

決める力は顕在意識です。顕在意識が「こんなのはうまくいくわけない」という前提に立っていながら、何回もやるということをよくしがちです。

これは、潜在意識に対しても「これは無理なこと」と教えているのと一緒じゃないですか。頑張ってやればやるほど、「無理だ」という前提を自分にすり込んでいく。

これを「努力逆転の法則」といいます。

新しいパラレルに、行動レベルで印を残す～はじめての〇〇

執着するのではなくて、エネルギーを入れたら「信頼」することです。

私のワークショップでも、本当に変わるんですけれども、いつもお願いしているのは、あとはほっといてくださいということです。

「光一があぁ言ったから、絶対私は変わるはずだ」

というように、変化することに執着してしまうと、自分の決定として、変わっちゃいけないぞと命令しているのと変わりませんからね。

変わるかもしれないから、宇宙に任せよう。変わっていくことに任せてみよう。そして、結果にこだわらないのがコツです。

一番強いのは、光一ではなくて、その人なんです。その人が何を決めるかです。

「光一の言うことはよくわからないけど、きょうのワークショップは楽しかったわ。何か新しいことでもやってみましょう」

そう、「私は変容した人生を歩みます」と宣言したのなら、体と潜在意識はつながっていますから、新しい行動をすることで、この世界に新しい印をつけてください。

そうすることで「この人はこういういい人生を選びなおしたのね」と潜在意識がサポートしてくるわけです。

新しい行動というのは何でもいいです。

例えば、コンビニで、今までやったことのない500円募金をするとか、やったことのない行動をする。そうすることで、新しい自分になりましたよと潜在意識に教える。

1回でいい。呼び水なんです。潜在意識は、時間は関係ないですから。

潜在意識が選んでいるタイムライン、時間軸はここだ、とするのです。

私のワークショップに参加すると大きく変わります。

変わって、こっちの道を行く。こっちの道で、「新しい自分になりました」と印をつけるわけです。多元宇宙だから。


〈なほひはる〉のテクニック、易を活用するテクニックも、一回やったら、「私は一生もう大調和ですね」、というものじゃないから。毎日やると、瞬間瞬間、毎日毎日、変わっていく。

より調和の人生に変わっていくということです。

同じ時間、同じ場所で続けるといいといいますが、そういうことは気にしなくていいです。私の考えるテクニックは、いいかげん、適当。ただ、動作を同じ時間にやるというのは、習慣化されます。

例えば同じ時間に同じ場所で瞑想するとする。

そうすると、その繰り返しの中で深みが出てきます。習慣化されるから、座ったと同時に、アンカーが働くので、ずっと積み立てしているようなものです。

そういうやり方もありです。でも私の伝えるテクニックは、いいかげんで簡単で適当なんです。

それでもプロセスを繰り返し楽しみながらやっていると、その動作は簡略化できます。動作のプロセスが一つのトリガーで自動的に起こってしまう。

ただ、深い潜在意識層の、人類的無意識に近いパターンを変えるのは難しいよと私は言っています。日本人のDNA情報から浮かび上がって日本人として生きている我々が、「潜在意識を変えて、私は欧米人の集合意識に入れ換える」とやっても、多分、難しいと思います。

「陰徳」〜大き過ぎるポジティブエネルギーを扱う秘技

貢献者のスタンスでいたときに、ネガティブはポジティブに変換できますし、ポジティブがあれば、ネガティブエネルギーとのバランスをとるスマートな方法があります。

それが、いわゆる「陰徳」、施しです。

あなたが自分を世界の貢献者として体験していれば、そういうことは自然にできるようになってきます。

陰があれば、同じだけ陽がある。つまり、陽が自分のところに来たときに、その陽の分の陰がどこかには生まれている、ということですね。


すごく大きいポジティブエネルギーの話をしましょう。

よく私は高額宝くじの話を例に出しますが、高額宝くじに当たった人は、欧米の調査結果も含めて90％は人生が不幸になるというデータがあると聞いています。

それはなぜでしょう。高額宝くじは大きなポジティブエネルギーです。

ポジティブエネルギーがやってきて、親戚にあげたとか、ちゃんと寄付もしたとかいうこともあるけれども、それは「陰徳」とはある点において少し違う。

「陰徳」というのは、誰もわからない、私がやってあげたという想いが一切ない世界なんですよ。普通で言えば、損しちゃったくらいの世界です。それを「陰徳」と呼んでいる。

エネルギーは、プラスとマイナス、陰と陽のバランスです。だから、一般的な考え方で言えば、あえて損するようなことをやる。それを陰徳といいます。

そのときに、自分が陰徳を積んでいるという意識でやっていいと思います。

ただ、人には言わないこと。人知れずやる。人知れず寄付したり、人知れずトイレ掃除したり、人知れずゴミ拾いをしたり、そんな感じです。

陰陽エネルギーの法則を知っている人は、陽と陰のエネルギーのバランスをとっている。

仮想通貨、情報商材〜詐欺被害への陰陽エネルギー的裏ワザ

最近、だます人がすごく多いと思います。特に情報商材関連。

不安をあおって、これをやれば儲かるとかね。

これから日本は、年金の問題だ、医療保険の問題だ、介護の問題だとすごく不安です。

おカネがなきゃダメだよと言って、いろんな情報商材とか仮想通貨案件の詐欺まがいのものが、いっぱい出ている。消費者庁も、注意し切れないと思います。

悪徳弁護士もいっぱいいるし、なかなか取り締まるまでいかないでしょう。

泣き寝入りしている人はいっぱいいると思う。

訴訟問題になってガンガンやっているなんて、ほんとに氷山の一角だと思うのです。

この世界は、ネット上でも、正直な情報が入っている記事なのにネガティブな内容だと

削除されたりと、いろんなことが起こっているし、火消し屋もいるわけじゃないですか。

火消し屋というのは、これはこうだというのは批判だから消してくれと言われて動く連中で、それと逆の連中、悪口を言ってくれというのもいる。そういう世界なんですよ。規制がないから、何でもありなんです。

そういう中で、自分たちがまずしっかりする必要があるんですね。

戦わなきゃいけないこともちろんあります。ありますが、それはすごくエネルギーをとられるんです。

そのとき、ここは戦わず、「自分の世界として損をした、ネガティブエネルギーを体験した」と言って、そこで執着を解けば、ポジティブに降りかかってきて、自分のフォーカスは、本来エネルギーを使っていくところにいくようになってきますよというのが裏技ですね。

苦しんでいる人はすごく多いと思う。でも、苦しんで、だまされた、だまされた、カネ返せ！　と言っても、おカネは返してくれないでしょう、そういうところというのは。

情報商材の問題なんかたくさんあるんですから、逃げちゃったりとかね。

ずっと恨みつらみを持っていたら、その人がもったいない。エネルギーがそこでとまっちゃうから。執着ですね。

そこにすごくエネルギーをとられちゃうと、ほかのポジティブなエネルギーのところになかなか行けないんですね。

陰徳の法則を知り、シフトチャンスに変える

であれば、法則を知る。陰徳ですよ。

これはネガティブエネルギーを出した。私は自分も許すし、その人も許す――あるいはその人のことは許さないかもしれないけど、でもそんなことにひっかかった自分を許すし、少なくともここまでやればいい。

そうしたら、法則は必ずポジティブに持っていくから。それがシフトなんですよ。

いいことばかり起こる、それを自慢している人たちもいるけど、それだけでは本当は足りない。陰陽の法則を本当に理解したなら、褒められたりとか、そういうことは全く期待せずに奉仕をしなさいということですよ。世界に対してのホスピタリティです。人知れず寄付をする、掃除をする、世界に対する奉仕でしょう。これを陰徳といいます。

大切なことなので何度でも言いましょう。

あなたは被害者でも加害者でもない。貢献者です。

バランスをとって生きていく人たれということです。

カルマの捉え方

カルマというのは、解放すれば終わる。簡単に言えば、カルマの法則は原因結果の法則であり、ご縁の法則でもあるわけです。何かをやったら、何かエネルギーをつくったら、そのエネルギーを刈り取らなければいけない。原因をつくったら刈り取る。じゃあ刈り取るって何ですかという話です。それは経験することです。

経験するというのは、どこが対応するのか。肉体と心でしょう。だったら、それを体験すれば、終了するでしょう。

本書では紹介しませんが、そういうテクニックもつくっています。

この世を去る直前の状態を最高の状態に作ってあらかじめセットしてしまうテクニックです。

ワークショップをやったのですが、受講生におもしろい現象が起きました。死ぬ瞬間、自分は最高の状態だということが前提ではいると、今のストレスに耐えられるようになる。

ネガティブとその人が感じることは起こるけれども、今までだったら寝込むくらいのことが、全然平気になっていく。それをストレスと捉えなくなる。自分の今生が約束されているから。最高の人生なんだというのが潜在意識に入ってしまっているから、来るものは、最高の人生のための糧なわけです。

「この人生、最高だった。みんな、ありがとう」というのが約束されているから、来るものはストレスじゃなくて、最高の人生のための糧だみたいに思ってしまう。だから回復が早い。

その技術のワークショップに来る前は、１週間くらい、ウジウジ言っているわけです。私から見たら同じようなパターンなのに、次の日くらいに「大丈夫？」と聞くと、「私は大丈夫」。本当に変異が起こるのです。

パワフルなツールを手にした先の落とし穴

一つ注意しなければいけないことを言いますと、セルフでテクニックをやって、適応するでしょう。このテクニックが効きますよね。

そうなると、中には誰かにやってあげたくなって、ヒーラー役を買って出る人もいるのではないかと思います。

そこで、罠にはまってほしくないのです。

自分がクライアント役の人よりもすごいんだと思うのは罠だから。

力が出れば、エネルギーがあればあるほど、罠にはまりやすいのです。

私はそういうふうになりたくない。

ですから、私のヒーリングだとかリーディングだとか、そういうものはクライアントさんの本来の力を取り戻すお手伝いとしてあると思っています。

クライアントさんの立場で言えば、セルフテクニックは必要です。

セルフテクニックして、自分でメンテナンスして、学ぶ。

でも、サポートが必要なときもあるじゃないですか。加速度的に変わるから。

だから、いろんなセラピストがいると思うのです。カウンセラーであったり、コーチであったり、あるいはヒーラーさんであったり。

それはクライアントさん本人が本来の力を発揮できるようサポートしてくれる存在だからじゃないですか。そう思っています。

開発している数々の使えるテクニック

今までに私が開発したテクニックには、柱となるシリーズが2つあります。

その一つが、「なほひ」シリーズです。

今回いよいよ〈なほひはる〉の技術を初めて世に紹介しましたが、他にも本書で扱った〈なほひふり〉をはじめ、〈なほひゆい〉〈なほひかへ〉〈なほひゆら〉があります。

これは使い分けだから、組み合わせてもいい。

そしてもう一つの柱が、ＳＳＥ（スピリチュアル・スペース・エンジニアリング）と呼ぶものです。これはフォーマットテクニックで、天使召喚・四神召喚、チョイスワーク、ミッションリビング・インテンション、五行合一と、5つあります。

自分でドラマを楽しみながら、エネルギーを感じながら変容させていく、パーソナル遊園地みたいな技術です。


私のテクニックは、強力なだけに練習すれば、普通の人よりは力がつきます。能力がバッと上がるんだけれども、それにとらわれて勘違いし始めてしまうと、作用反作用の法則があるから、本当におかしな話になる。

もしテクニックを、誰かのために使いたくなったら、自分の内なる意図に明晰であってください。人をコントロールする意図が隠れてないか、なかったらオーケーです。

だから、祈りはオーケーです。

「世界が幸せで、生きとし生けるものが平和でありますように」とか、「調和的でありますように」という祈りはいいのです。

これは他人をコントロールすることではないから。

でも、「おまえの人生が調和になれ。エエーイ」と勝手にやっちゃダメ。これは介入です。

介入するときは承認をとります。

承認をとるということが最大の尊重の一つだと私は思っています。

「承認を必ずとってください」、「相手の意思を尊重してください」、と本書の中でも何度かお話ししました。それは実は自分にとってもいいことなんです。

どこかで、「私がやってあげている」とか、「私がすごい」とかいう認識を持つと、比較の罠にはまってしまう。被害者・加害者の枠に入ってしまう。


この本を手に取ってくれた方は、大丈夫だと思います。

自分を整えていけば、そういった罠にはまりかけている心にも、気がつきやすくなりますから。

今回、まさに易経の概念を超越する陰陽統合テクニックを中心に、エネルギーワーカー光一の世界をご紹介しました。

日常でどんどん使ってもらうことで、世界の捉え方が変わってくれたらと思っています。

強力なテクニックです。

まさに一つのイノベーション、革新が、あなたの中に起こります。

じゃんじゃんご活用いただいて、人生を望む形にデザインしてください。

喜びをばらまいて、調和の波動を生み出し続ける貢献者として、地球体験を思う存分楽しんでください！

この本には光一氏によって調和のエネルギーが封入されています。

光一　こういち

これまでに数多くの「スピリチュアルワーク」を習得。タロット、易経、心理学、量子論など10代のころから探究心の赴くまま深く広く学びとった引き出しの多さは圧巻。

その集大成として、内なる神性「直霊（なほひ）」と繋がる「なほひあいシリーズ」など、独自のエネルギーメソッドを次々と開発している。

その類まれなるリーディング力と瞬時にエネルギーを書き換えるセッションが口コミで広がり、サラリーマン時代に趣味で行っていたセッションには、全国各地から問い合わせが殺到。人生のモットーは「いつも笑いながら、明るく、楽しく」。現実世界に活かせないスピリチュアルは意味がないとして、誰もが、自分で自分を整えるために使える、セルフテクニックを広めるために精力的に活動中。

著書に『ディヴァインコード・アクティベーション』『きめればすべてうまくいく』（共にナチュラルスピリット）『これでいいのだ！　ヘンタイでいいのだ！』（∞ ishi ドクタードルフィン松久正氏との共著・VOICE）『祝福人生創造ブック』（ビオ・マガジン）

あなたを整えるとき世界は整う

超越易経 nahohiharu

第一刷 2019年2月28日
第三刷 2022年5月31日

著者 光一

発行人 石井健資
発行所 株式会社ヒカルランド
〒162-0821 東京都新宿区津久戸町3-11 TH1ビル6F
電話 03-6265-0852 ファックス 03-6265-0853
http://www.hikaruland.co.jp info@hikaruland.co.jp
振替 00180-8-496587
本文・カバー・製本 中央精版印刷株式会社
DTP 株式会社キャップス
編集担当 小塙友加

ISBN978-4-86471-712-0

自然の中にいるような心地よさと開放感が
あなたにキセキを起こします

神楽坂ヒカルランドみらくるの1階は、自然の生命活性エネルギーと肉体との交流を目的に創られた、奇跡の杉の空間です。私たちの生活の周りには多くの木材が使われていますが、そのどれもが高温乾燥・薬剤塗布により微生物がいなくなった、本来もっているはずの薬効を封じられているものばかりです。神楽坂ヒカルランドみらくるの床、壁などの内装に使用しているのは、すべて45℃のほどよい環境でやさしくじっくり乾燥させた日本の杉材。しかもこの乾燥室さえも木材で作られた特別なものです。水分だけがなくなった杉材の中では、微生物や酵素が生きています。さらに、室内の冷暖房には従来のエアコンとはまったく異なるコンセプトで作られた特製の光冷暖房機を採用しています。この光冷暖は部屋全体に施された漆喰との共鳴反応によって、自然そのもののような心地よさを再現。森林浴をしているような開放感に包まれます。

みらくるな変化を起こす施術やイベントが
自由なあなたへと解放します

ヒカルランドで出版された著者の先生方やご縁のあった先生方のセッションが受けられる、お話が聞けるイベントを不定期開催しています。カラダとココロ、そして魂と向き合い、解放される、かけがえのない時間です。詳細はホームページ、またはメールマガジン、SNSなどでお知らせします。

神楽坂ヒカルランド　みらくる　Shopping & Healing
〒162-0805　東京都新宿区矢来町111番地
地下鉄東西線神楽坂駅２番出口より徒歩２分
TEL：03-5579-8948　メール：info@hikarulandmarket.com
営業時間11：00〜18：00（１時間の施術は最終受付17：00、２時間の施術は最終受付16：00。イベント開催時など、営業時間が変更になる場合があります。）
※ Healingメニューは予約制。事前のお申込みが必要となります。
ホームページ：http://kagurazakamiracle.com/

★《AWG》癒しと回復「血液ハピハピ」の周波数

**生命の基板にして英知の起源でもあるソマチッドがよろこびはじける周波数を
カラダに入れることで、あなたの免疫力回復のプロセスが超加速します！**

世界12カ国で特許、厚生労働省認可！　日米の医師＆科学者が25年の歳月をかけて、ありとあらゆる疾患に効果がある周波数を特定、治療用に開発された段階的波動発生装置です！ 神楽坂ヒカルランドみらくるでは、まずはあなたのカラダの全体環境を整えること！　ここに特化・集中した《多機能対応メニュー》を用意しました。

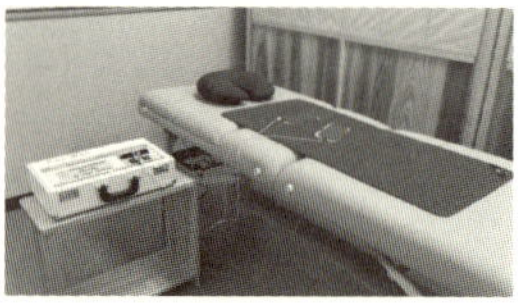

※180分／24,000円のコースもあります。
※妊娠中・ペースメーカーご使用の方にはご案内できません。

A．血液ハピハピ＆毒素バイバイコース
（AWG コード003・204）　60分／8,000円
B．免疫 POWER UP　バリバリコース
（AWG コード012・305）　60分／8,000円
C．血液ハピハピ&毒素バイバイ&免疫 POWER UP バリバリコース　120分／16,000円
D．水素吸入器「ハイドロブレス」併用コース　60分／12,000円
E．脳力解放「ブレインオン」併用コース　60分／12,000円
F．AWG プレミアムコース　9回／55,000円　60分／8,000円×9回

※その都度のお支払いもできます。

AWGプレミアムメニュー

１つのコースを一日１コースずつ、９回通っていただき、順番に受けることで身体全体を整えるコースです。２週間～１か月に一度、通っていただくことをおすすめします。

①血液ハピハピ＆毒素バイバイコース　②免疫 POWER UP バリバリコース
③お腹元気コース　④身体中サラサラコース
⑤毒素やっつけコース　⑥老廃物サヨナラコース

★音響チェア《羊水の響き》

**脊髄に羊水の音を響かせて、アンチエイジング！
基礎体温１℃アップで体調不良を吹き飛ばす！
細胞を活性化し、血管の若返りをはかりましょう！**

特許1000以上、天才・西堀貞夫氏がその発明人生の中で最も心血を注ぎ込んでいるのがこの音響チェア。その夢は世界中のシアターにこの椅子を設置して、エンターテインメントの中であらゆる病い／不調を一掃すること。椅子に内蔵されたストロー状のファイバーが、羊水の中で胎児が音を聞くのと同じ状態をつくりだすのです！　西堀貞夫氏の特製 CD による羊水体験をどうぞお楽しみください。

A．自然音Ａコース「胎児の心音」　60分／10,000円
B．自然音Ｂコース「大海原」　60分／10,000円
C．「胎児の心音」「大海原」　120分／20,000円

神楽坂ヒカルランド
みらくる
Shopping & Healing

神楽坂《みらくる波動》宣言！

神楽坂ヒカルランド「みらくる Shopping & Healing」では、触覚、聴覚、視覚、嗅（きゅう）覚、味覚の五感を研ぎすませることで、健康なシックスセンスの波動へとあなたを導く、これまでにないホリスティックなセルフヒーリングのサロンを目指しています。ヒーリングは総合芸術です。あなたも一緒にヒーリングアーティストになっていきましょう。

★ミトコンドリア活性《プラズマパルサー》

ミトコンドリアがつくる、生きるための生命エネルギーATP を3倍に強化！
あなただけのプラズマウォーターを作成し、
疲れにくく、元気が持続するカラダへ導きます！

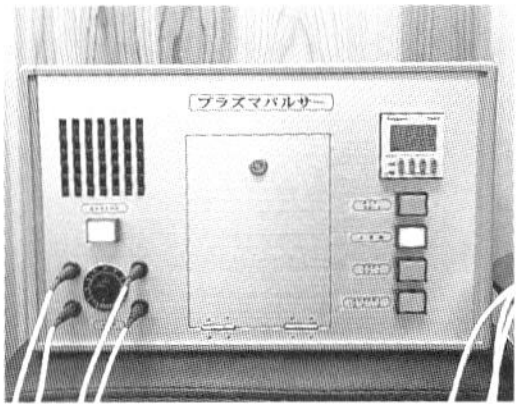

液晶や排気ガス装置などを早くからつくり上げ、特許を110も出願した天才・田丸滋氏が開発したプラズマパルサー。私たちが生きるために必要な生命エネルギーは、体内のミトコンドリアによって生産される ATP。この ATP を3倍に増やすのと同じ現象を起こします！　ATP が生産されると同時につくられてしまう老化の元となる活性酸素も、ミトコンドリアに直接マイナス電子を供給することで抑制。短い時間でも深くリラックスし、細胞内の生命エネルギーが増え、持続力も増すため、特に疲れを感じた時、疲れにくい元気な状態を持続させたい時におすすめです。

プラズマセラピー（プラズマウォーター付き）30分／12,500円（税込）

こんな方におすすめ

元気が出ない感じがしている／疲れやすい／体調を崩しやすい／年齢とともに衰えを感じている

※妊娠中・ペースメーカーご使用の方、身体に金属が入っている方、10歳未満、81歳以上の方、重篤な疾患のある方にはセラピーをご案内することができません。
※当店のセラピーメニューは治療目的ではありません。特定の症状、病状に効果があるかどうかなどのご質問にはお答えできかねますので、あらかじめご了承ください。

★植物の高波動エネルギー《ブルーライト》

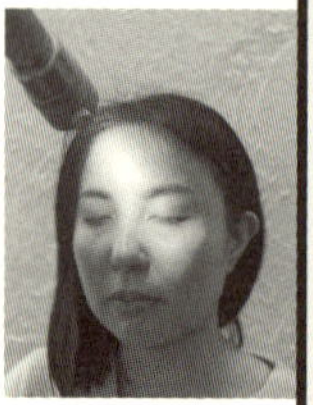

高波動の植物の抽出液を通したライトを頭頂部などに照射。抽出液は13種類、身体に良いもの、感情面に良いもの、若返り、美顔……など用途に合わせてお選びいただけます。より健康になりたい方、心身の周波数や振動数を上げたい方にピッタリ！

A．健康コース　7か所　10〜15分／3,000円
B．メンタルコース　7か所　10〜15分／3,000円
C．健康＋メンタルコース　15〜20分／5,000円
D．ナノライト（ブルーライト）使い放題コース　30分／10,000円

★ソマチッド《見てみたい》コース

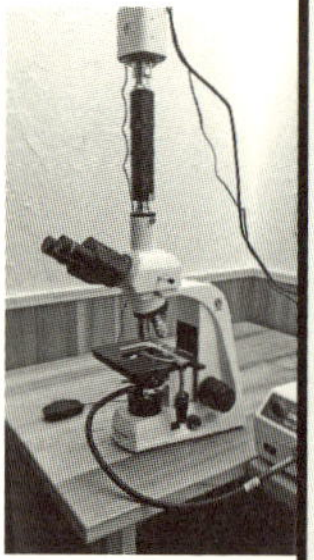

あなたの中で天の川のごとく光り輝く「ソマチッド」を暗視野顕微鏡を使って最高クオリティの画像で見ることができます。自分という生命体の神秘をぜひ一度見てみましょう！

A．ワンみらくる　1回／1,500円（5,000円以上の波動機器セラピーをご利用の方のみ）
B．ツーみらくる（ソマチッドの様子を、施術前後で比較できます）2回／3,000円（5,000円以上の波動機器セラピーをご利用の方のみ）
C．とにかくソマチッド　1回／3,000円（ソマチッド観察のみ、波動機器セラピーなし）

★脳活性《ブレインオン》

聞き流すだけで脳の活動が活性化し、あらゆる脳トラブルの予防・回避が期待できます。集中力アップやストレス解消、リラックス効果も抜群。緊張した脳がほぐれる感覚があるので、AWG との併用もおすすめです！

30分／2,000円

★激痛！デバイス《ドルフィン》

長年の気になる痛み、手放せない身体の不調…たったひとつの古傷が気のエネルギーの流れを阻害しているせいかもしれません。他とは全く違うアプローチで身体に氣を流すことにより、体調は一気に復活しますが、痛いです！！！

A．エネルギー修復コース 60分／15,000円
B．体験コース 30分／5,000円

★量子スキャン&量子セラピー《メタトロン》

あなたのカラダの中をDNAレベルまで調査スキャニングできる
量子エントロピー理論で作られた最先端の治療器！

筋肉、骨格、内臓、血液、細胞、染色体など——あなたの優良部位、不調部位がパソコン画面にカラーで6段階表示され、ひと目でわかります。セラピー波動を不調部位にかけることで、その場での修復が可能！　宇宙飛行士のためにロシアで開発されたこのメタトロンは、すでに日本でも進歩的な医師80人以上が診断と治癒のために導入しています。

A.B.ともに「セラピー」「あなたに合う／合わない食べ物・鉱石アドバイス」「あなただけの波動転写水」付き。

A.「量子スキャンコース」　60分／10,000円
あなたのカラダをスキャンして今の健康状態をバッチリ6段階表示。気になる数か所へのミニ量子セラピー付き。

B.「量子セラピーコース」　120分／20,000円
あなたのカラダをスキャン後、全自動で全身の量子セラピーを行います。60分コースと違い、のんびりとリクライニングチェアで寝たまま行います。眠ってしまってもセラピーは行われます。

《オプション》+20分／+10,000円（キントン水8,900円含む）
「あなただけの波動転写水」をキントン水（30本／箱）でつくります。

★脳活性《ブレイン・パワー・トレーナー》

脳力UP &脳活性、視力向上にと定番のブレイン・パワー・トレーナーに、新メニュー、スピリチュアル能力開発コース「0.5Hz」が登場！　0.5Hzは、熟睡もしくは昏睡状態のときにしか出ないδ（デルタ）波の領域です。「高次元へアクセスできる」「松果体が進化、活性に適している」などと言われています。

Aのみ　15分／3,000円　　B～F　30分／3,000円
AWG、羊水、メタトロンのいずれか（5,000円以上）と同じ日に受ける場合は、2,000円

A.「0.5Hz」スピリチュアル能力開発コース
B.「6Hz」ひらめき、自然治癒力アップコース
C.「8Hz」地球と同化し、幸福感にひたるコース
D.「10Hz」ストレス解消コース
E.「13Hz」集中力アップコース
F.「151Hz」目の疲れスッキリコース

光一氏出演オンライン講座
大好評配信中！
『MAGICAL I CHING CARDS
活用フォローアップ講座』

陰陽エネルギーについて、
潜在意識を望む形にデザインするための秘訣などを
詳しく解説している「オンライン講座」を配信中です。
本書 P160〜 P161で紹介している「なほひふり」を易経と
組み合わせて行う合わせ技もレクチャーします。
エネルギーワーカー光一氏監修
「MAGICAL I CHING CARDS」の活用方法もばっちり解説！
これであなたも、大調和を自らつかみ取ろう！

『MAGICAL I CHING CARDS 活用フォローアップ講座』

●講師：エネルギーワーカー光一
●時間：本編56分
●価格：3,850円（税込）
●購入先：動画配信 vimeo にて販売中
https://vimeo.com/ondemand/magicalichingcards/
・vimeo に無料登録後、クレジットカード、PayPal でのお支払いで購入可能。すぐに視聴可能です。

販売ページはこちら↓

※ご購入の前に予告編をご覧いただき、ご使用の機器で視聴可能かお客様ご自身でご確認下さい。

制作：神楽坂ヒカルランドみらくる

＊ご案内の価格、その他情報は発行日時点のものとなります。

本といっしょに楽しむ ハピハピ♥ Goods&Life ヒカルランド

光一氏監修オリジナルグッズ
MAGICAL I CHING CARDS
(全73種+超活用手引き入り)

易経エネルギーの使い手へ!
望む世界へパラレルジャンプ!!

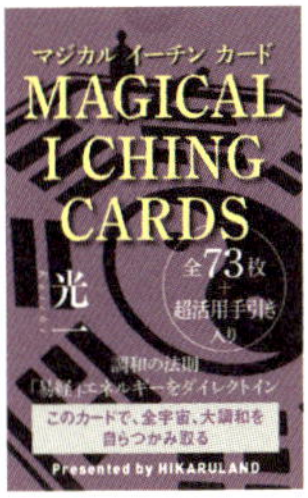

MAGICAL I CHING CARDS
■ 3,666円 (税込)
●サイズ:H87㎜×W56㎜
●全73種+超活用手引き入り

本カードは、陰陽エネルギーの使い手として易のシンボルを活用するために開発されたカードです。太極図+八卦(9枚)に、六十四卦が加わった計73枚。

光一氏オリジナルテクニック「なほひはる」「なほひふり」を楽しく素早く行っていただけます。

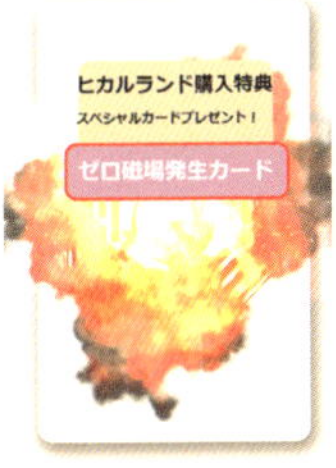

さらに!! ヒカルランドから購入の方は、もう一枚、スペシャルカードがもれなくもらえます!!
光一さんも「すごすぎるでしょ」とうなる

ゼロ磁場発生カード

欲しい方はヒカルランドパーク
HP からご購入ください。

※神楽坂ヒカルランドみらくるでも特典付でお取り扱いしております。

ヒカルランドパーク取扱い商品に関するお問い合わせ等は
メール:info@hikarulandpark.jp　URL:http://www.hikaruland.co.jp/
03-5225-2671 (平日11-17時)

特徴 従来は2人でテストしていましたが、セルフォなら1人でできます!

POINT 1
小さくて軽いので、
ポケットにも入ります。

POINT 2
使用する人の握力に応じて、
3段階に使い分けできます。

POINT 3
波動をテストできます。

使用例1 あら不思議?! タバコを持ってテストしてみましょう

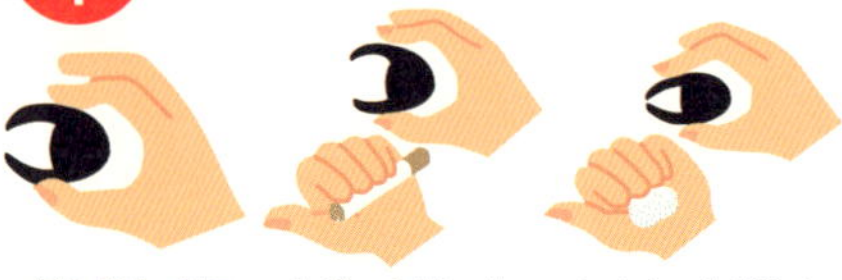

何も持たずに
これくらい

タバコを持つと
力が入らない

もぐさ、自然塩を
持つと力が入る

それは体の細胞がタバコの波動を否定しているからです。
一方、力の入る自然塩はプラスの波動を持っています。

使用例2 あなただけの特効のツボを探すことができます

MYツボは
ココね!
ココ

体のツボの位置は
人によって異なる
場合があります。

使用例3 照明器具などの電化製品でテストしてみましょう

消した状態で
触れてみる
電気を
点けると…
これくらい
力が入らない

電磁波の影響も察知できます。

使用例4 買い物で迷ったときに選ぶ目安になります

Shampoo
シャンプー
SHAMPOO

例えば、店先に同じ商品がいくつか並
んでいるとき、どのメーカーの品が一番
自分と相性がいいかを判断できます。

さらに! 対象が直接手に触れるものではなくても、応用できるようになります。（相性、環境、行動など）

相　性

例えば、苦手な人や嫌いな人がいるとき。
相手をイメージしてテストする。

▼

気持ちとは真逆に
力が入ってしまう!!

もしかしたらその
人はあなたを向
上させてくれる人
かもしれません。
そう気づくとラク
になりませんか♪

未来予測、トラブル回避

例えば、今日は仕事を休みたいとき。
「休む」と「休まない」の両方を
イメージしてテストする。

▼

「休まない」方に
力が入ってしまう!

あなたにとって嬉
しい出来事が起こ
ったり、休まなく
て良かったという
結果が待っている
かもしれません♪

＊ご案内の価格、その他情報は発行日時点のものとなります。

本といっしょに楽しむ ハピハピ♥ Goods&Life ヒカルランド

セルフォ（正式名／セルフ・オーリング・テスター）

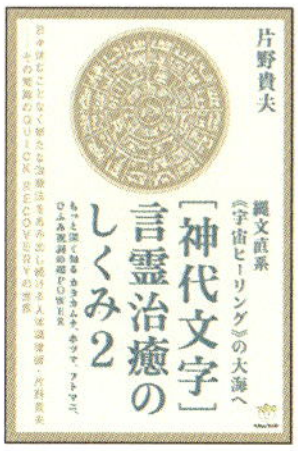

片野貴夫氏の本

片野貴夫氏プロデュース

オーリングテストって知ってますか？　２本の指で丸い輪を作り、相手も指で丸い輪を作って、その相手の丸い輪を引っ張り、輪が開くかどうかで様々なことを判断します。代替医療をはじめ医学界でも注目を集めているテスト方法です。従来、オーリングテストは２人でしていましたが、体の悪い部分、自分に合うもの合わないもの、薬の善し悪し、セルフォならひとりでもできます。
セルフォは小さくて軽いので持ち運びに便利。３段階設定なので、使用する人の握力に応じて使い分け可能です。あまり頼りすぎてもいけませんが、楽しんで使いましょう。

特許第3643365号
販売価格：3,850円（税込）

ヒカルランドパーク取扱い商品に関するお問い合わせ等は
メール：info@hikarulandpark.jp　　URL：http://www.hikaruland.co.jp/
03-5225-2671（平日11-17時）

ヒカルランド　好評既刊!

地上の星☆ヒカルランド　銀河より届く愛と叡智の宅配便

聞こえない音のヒミツ
量子場音楽革命
著者：光一／HIRO Nakawaki
四六ソフト　本体 1,800円+税

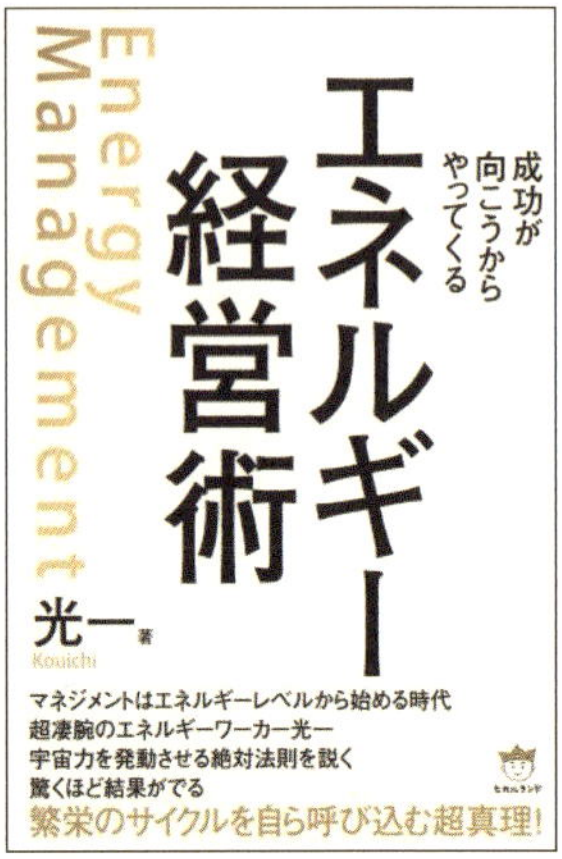

エネルギー経営術
著者：光一
四六ハード　本体 2,200円+税

パラレッタ!
世界線（並行現実）を乗り換えるUFO
著者：光一
四六ソフト　本体 2,000円+税

エンライトメント・サイバネティクス
いきなりゴール！ 超強運へのパラレル
JUMP
著者：光一
四六ソフト　本体 1,800円+税

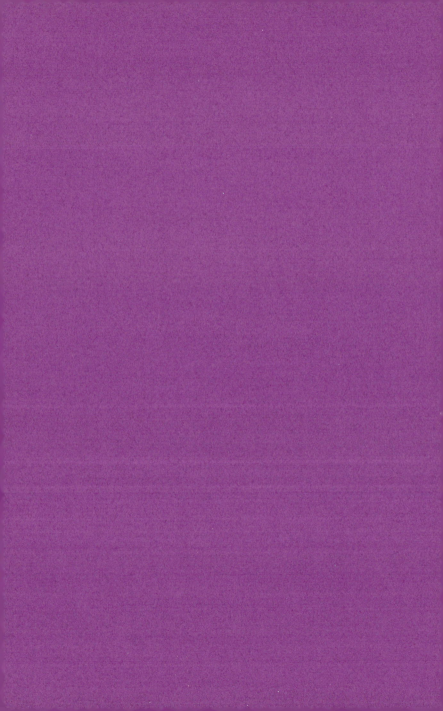